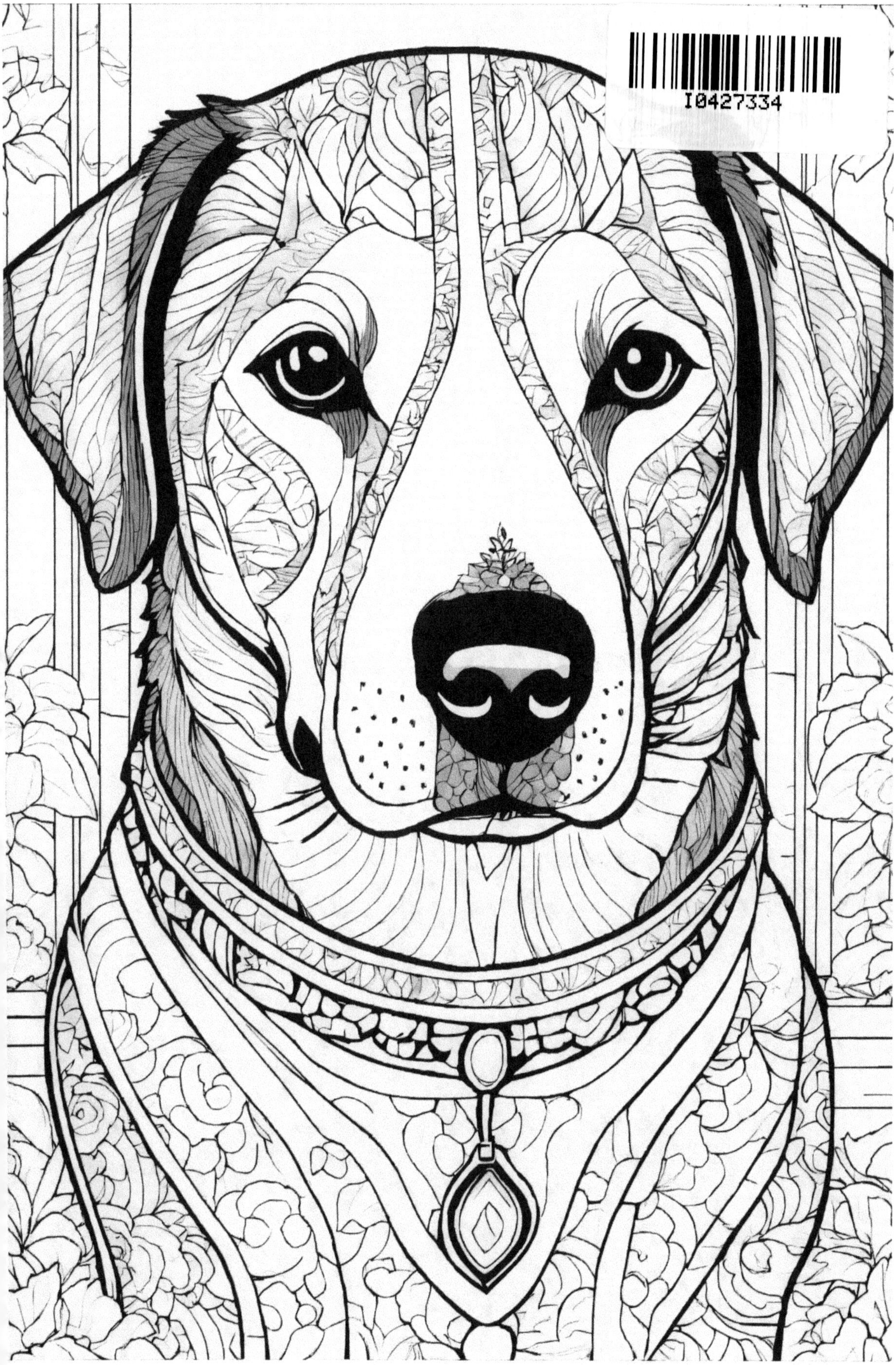

I0427334

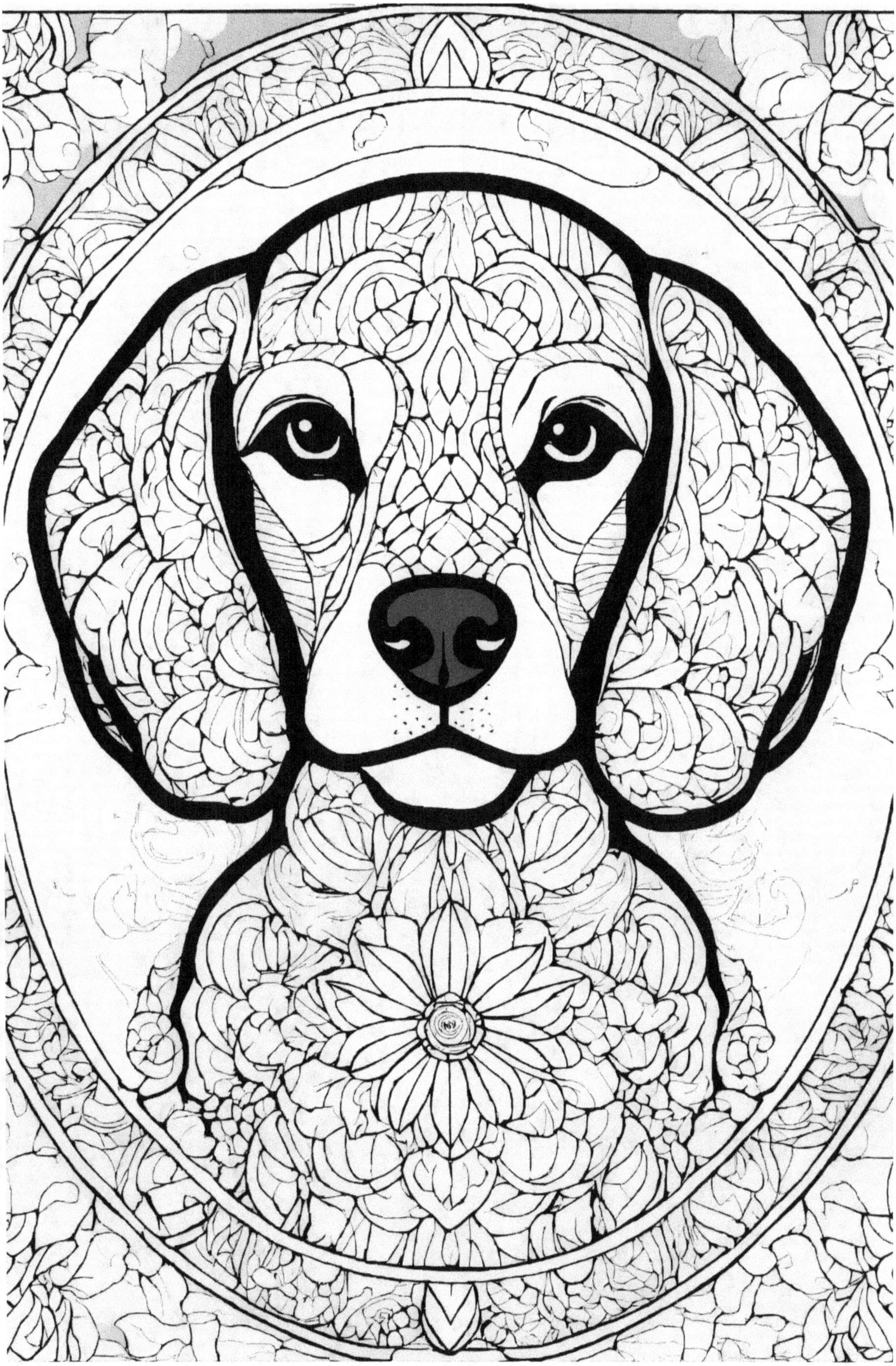

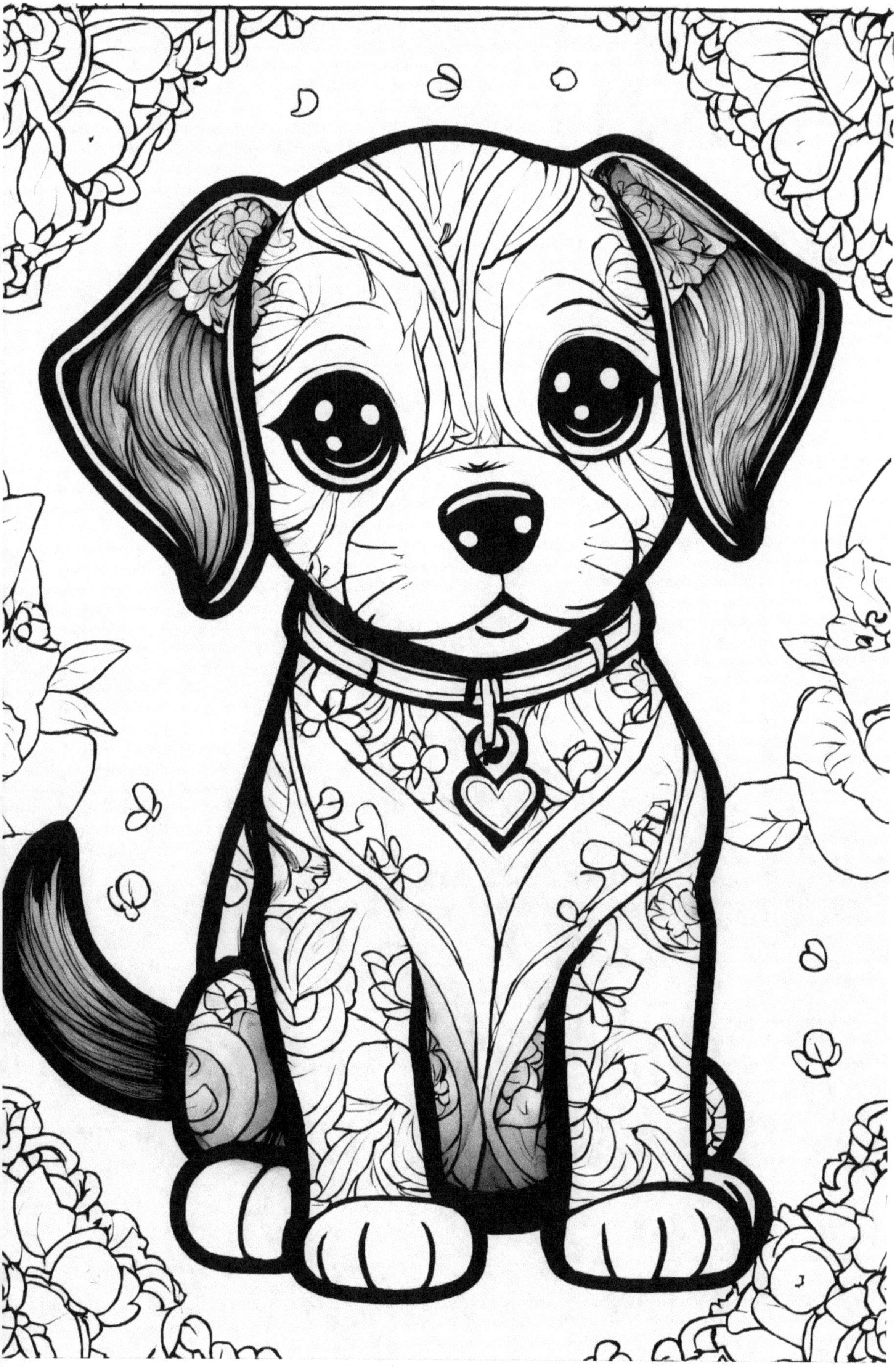

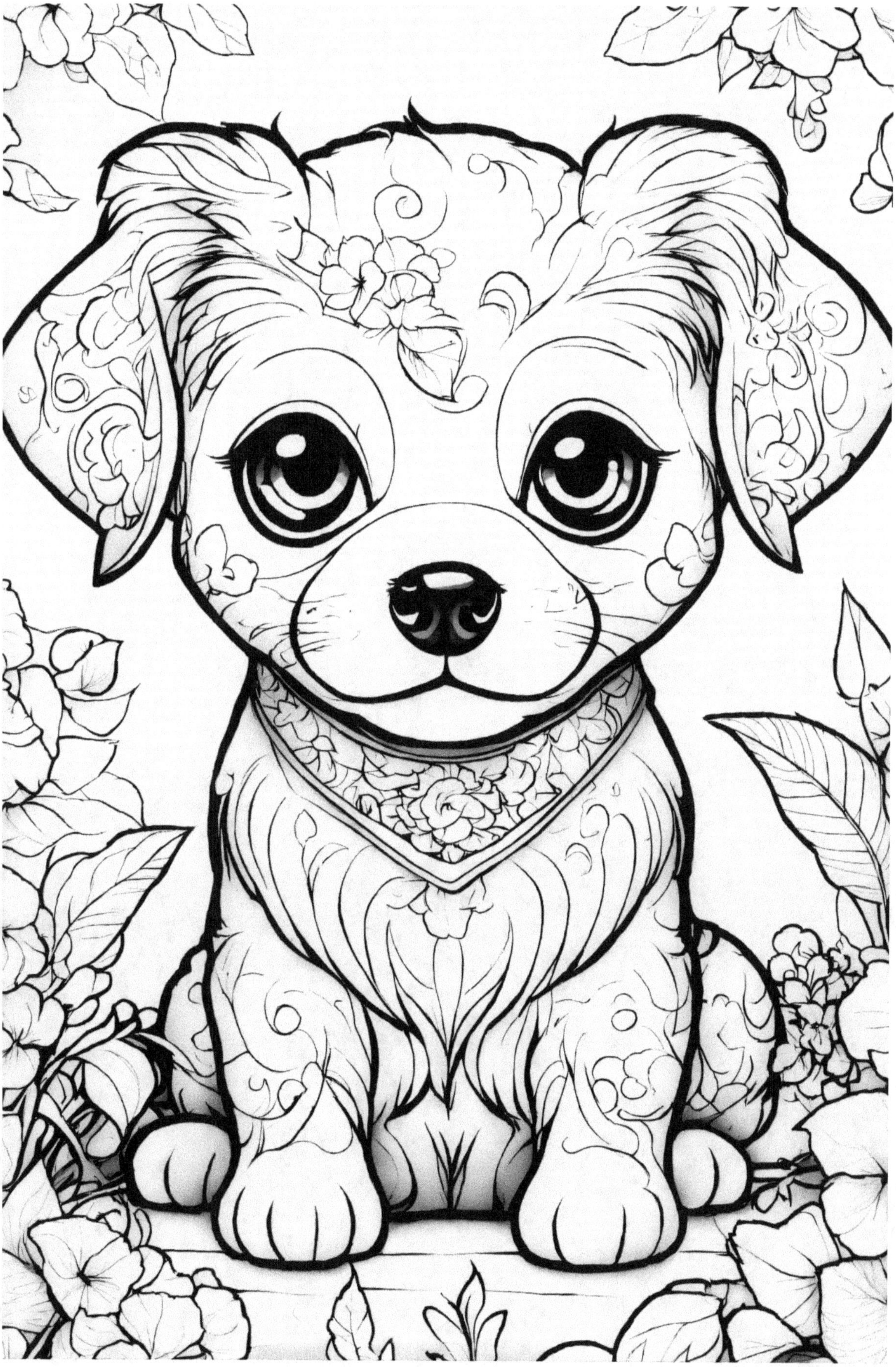

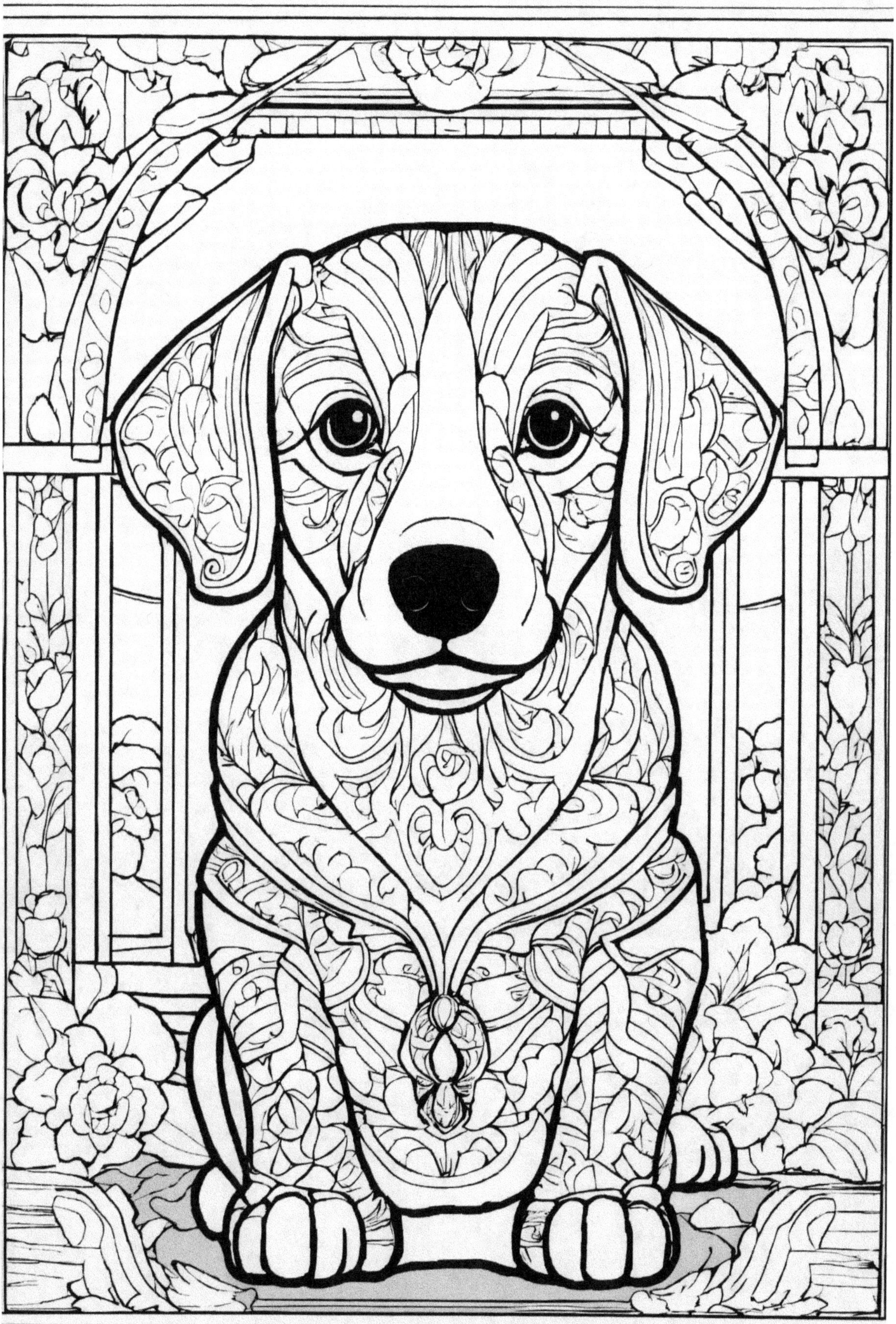

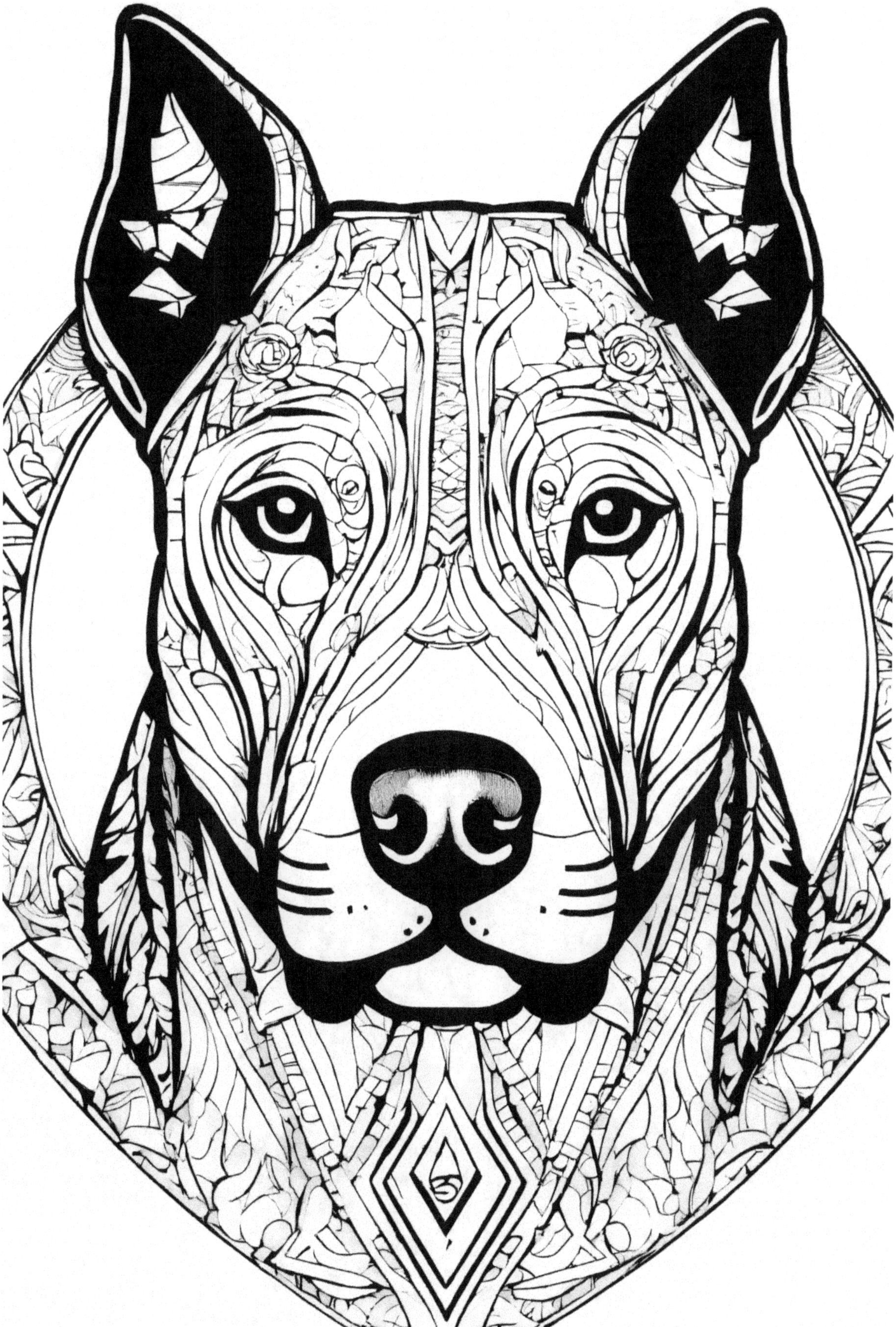

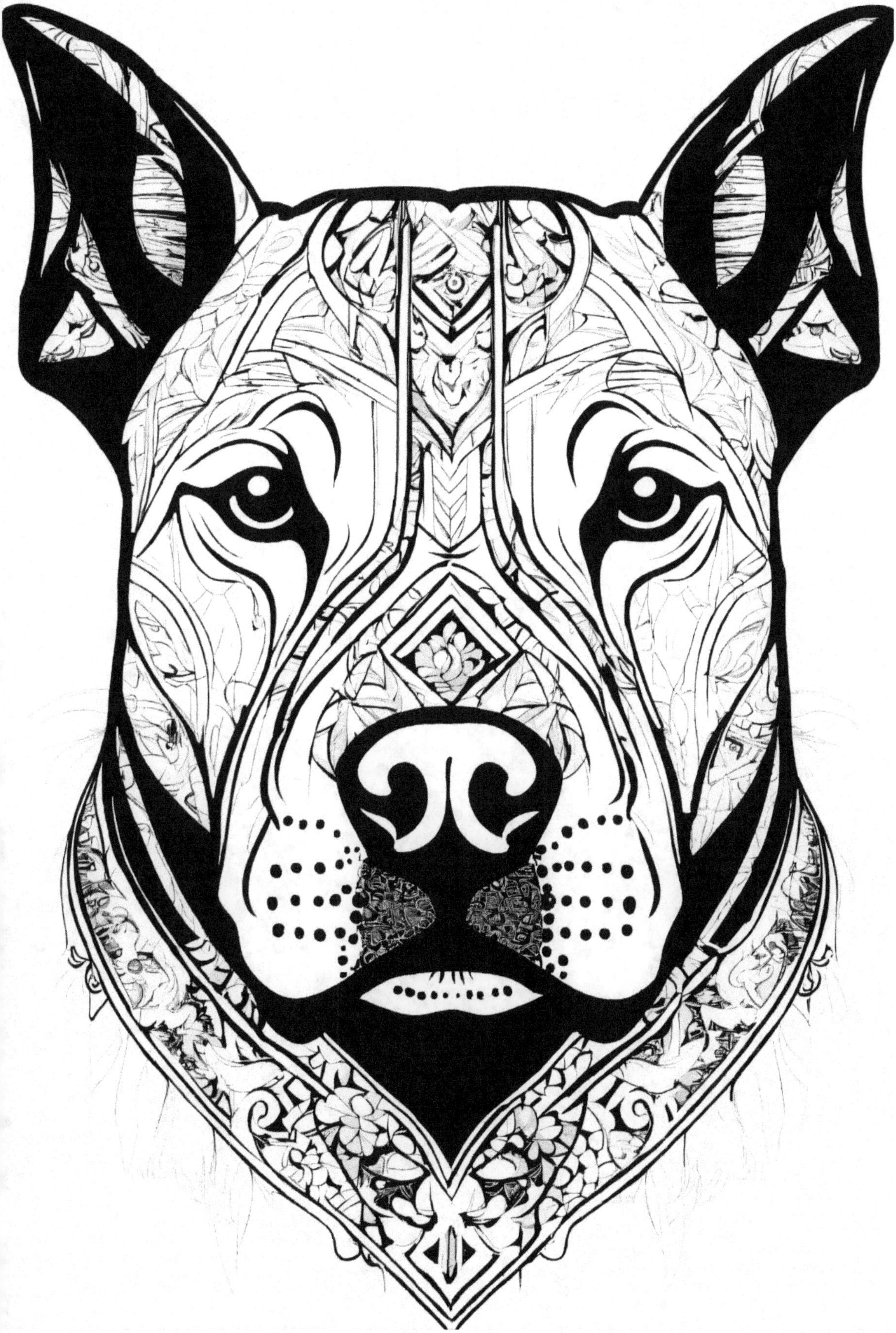

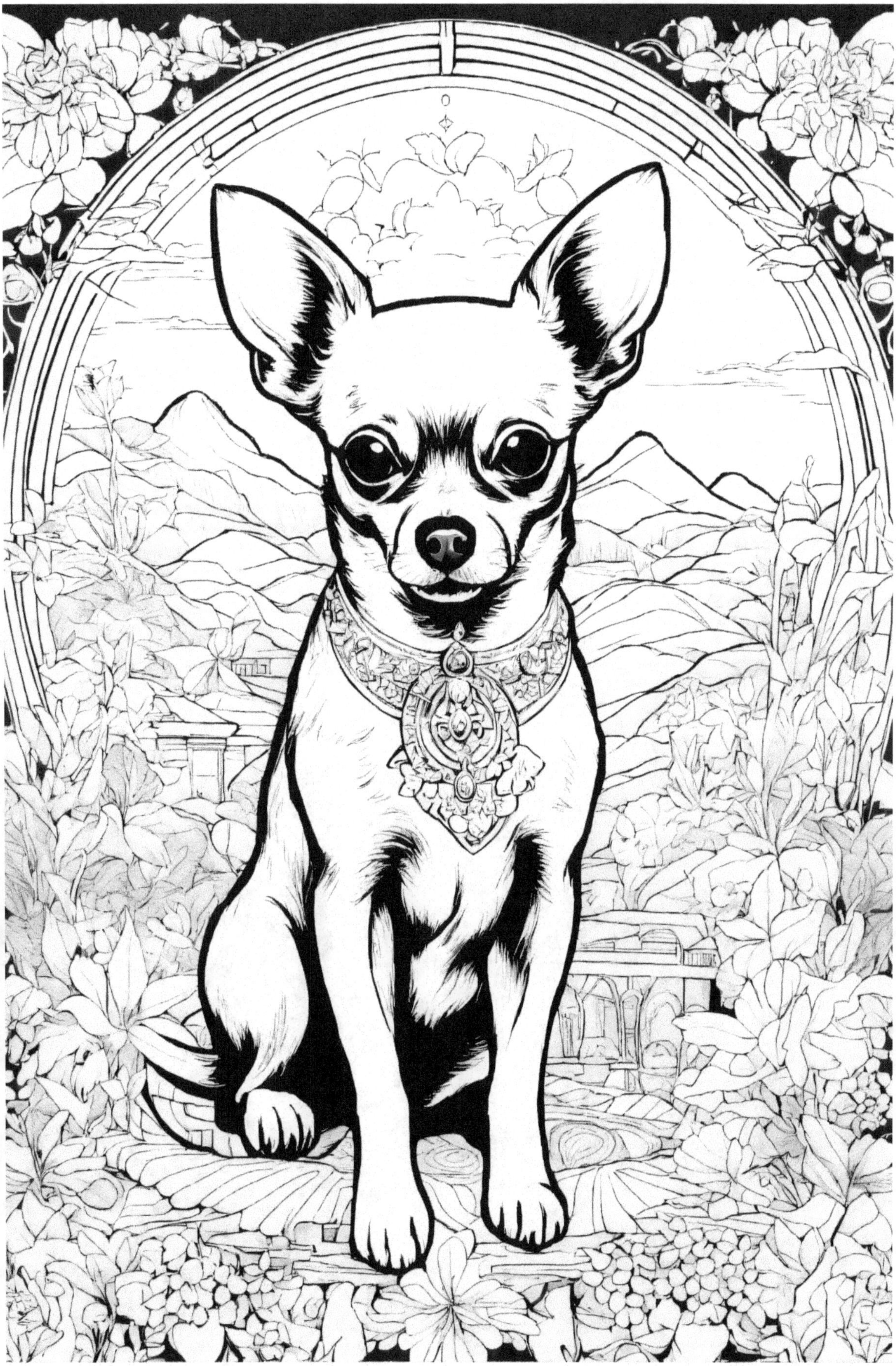

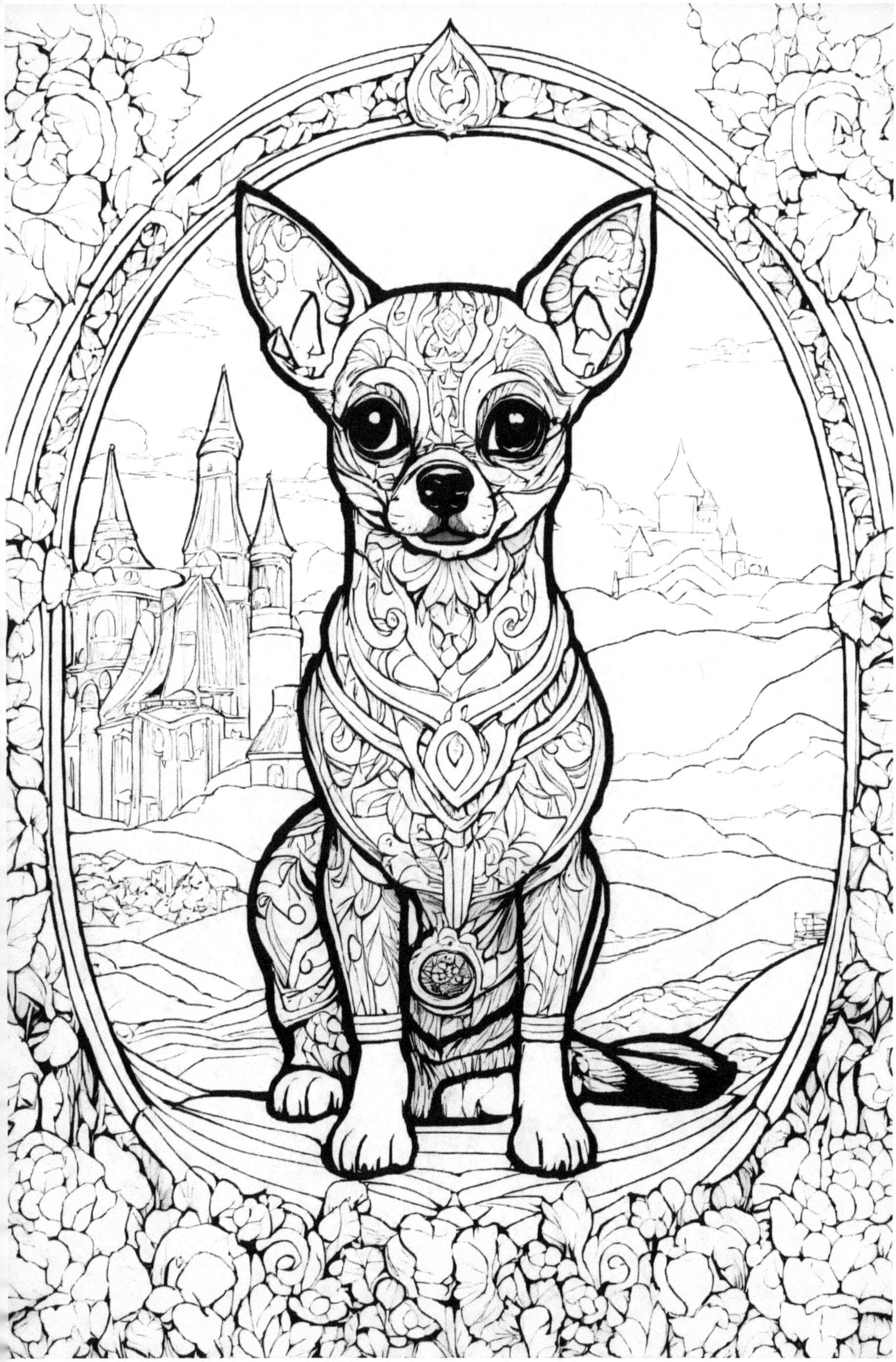

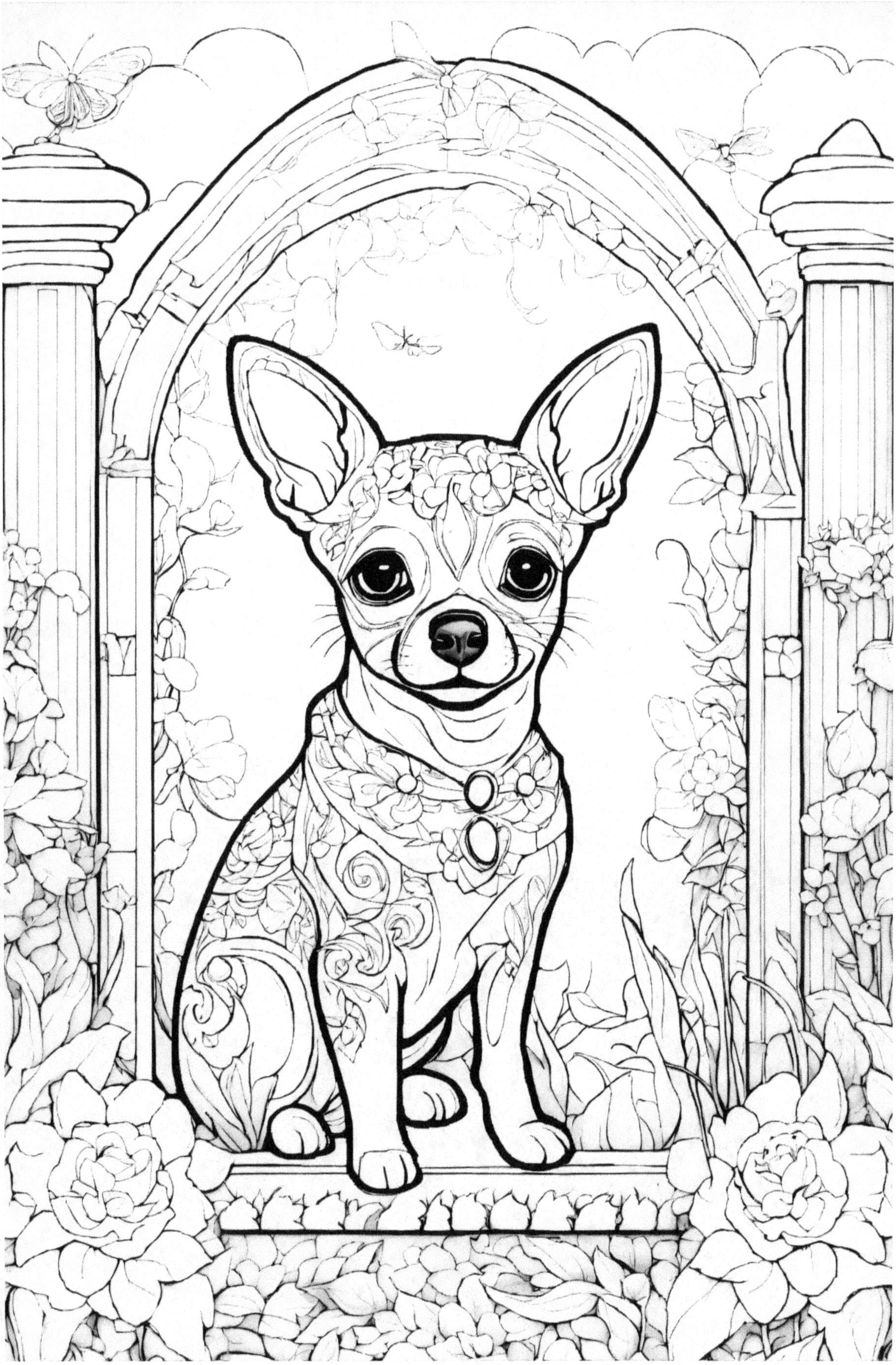

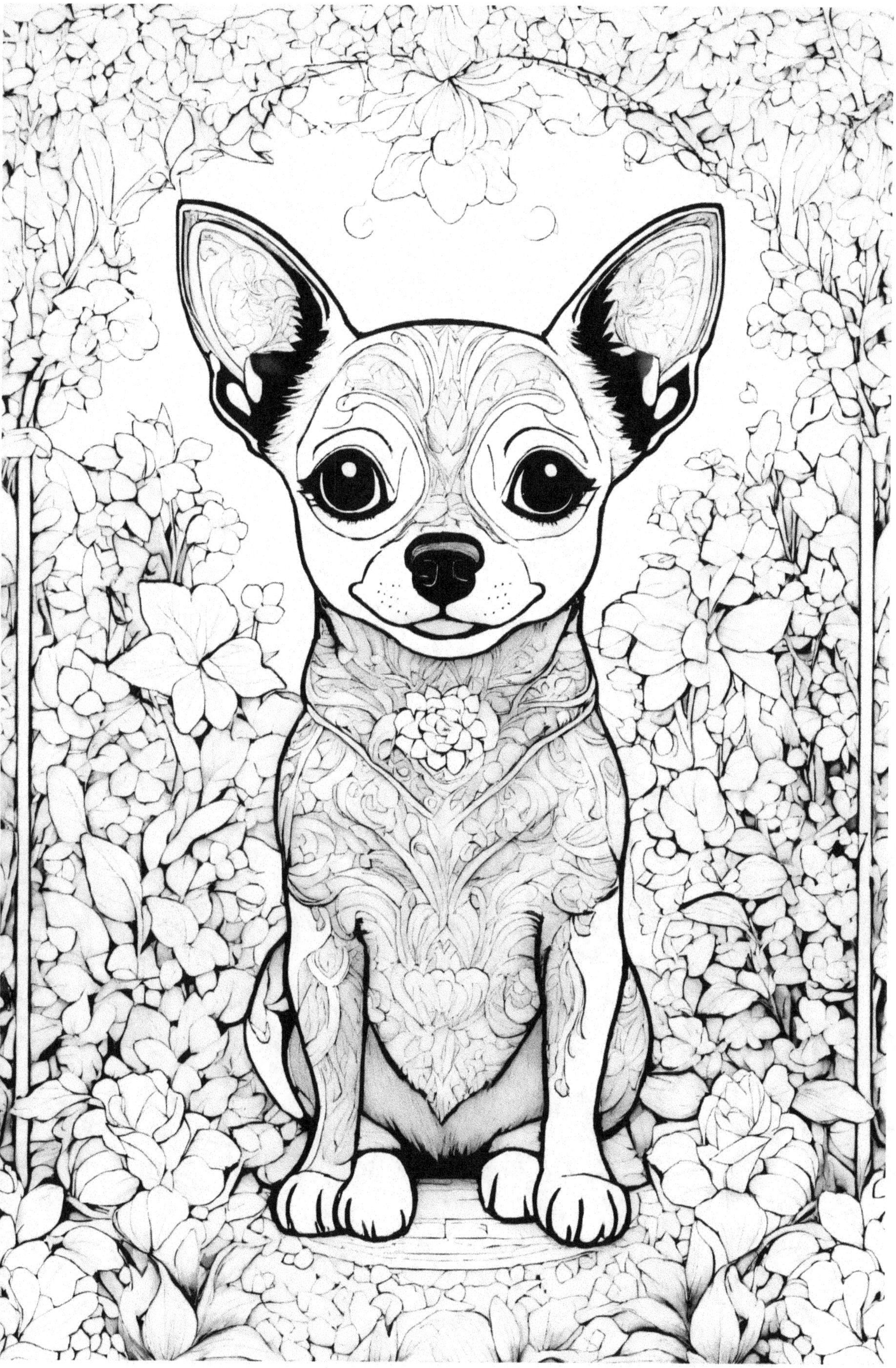

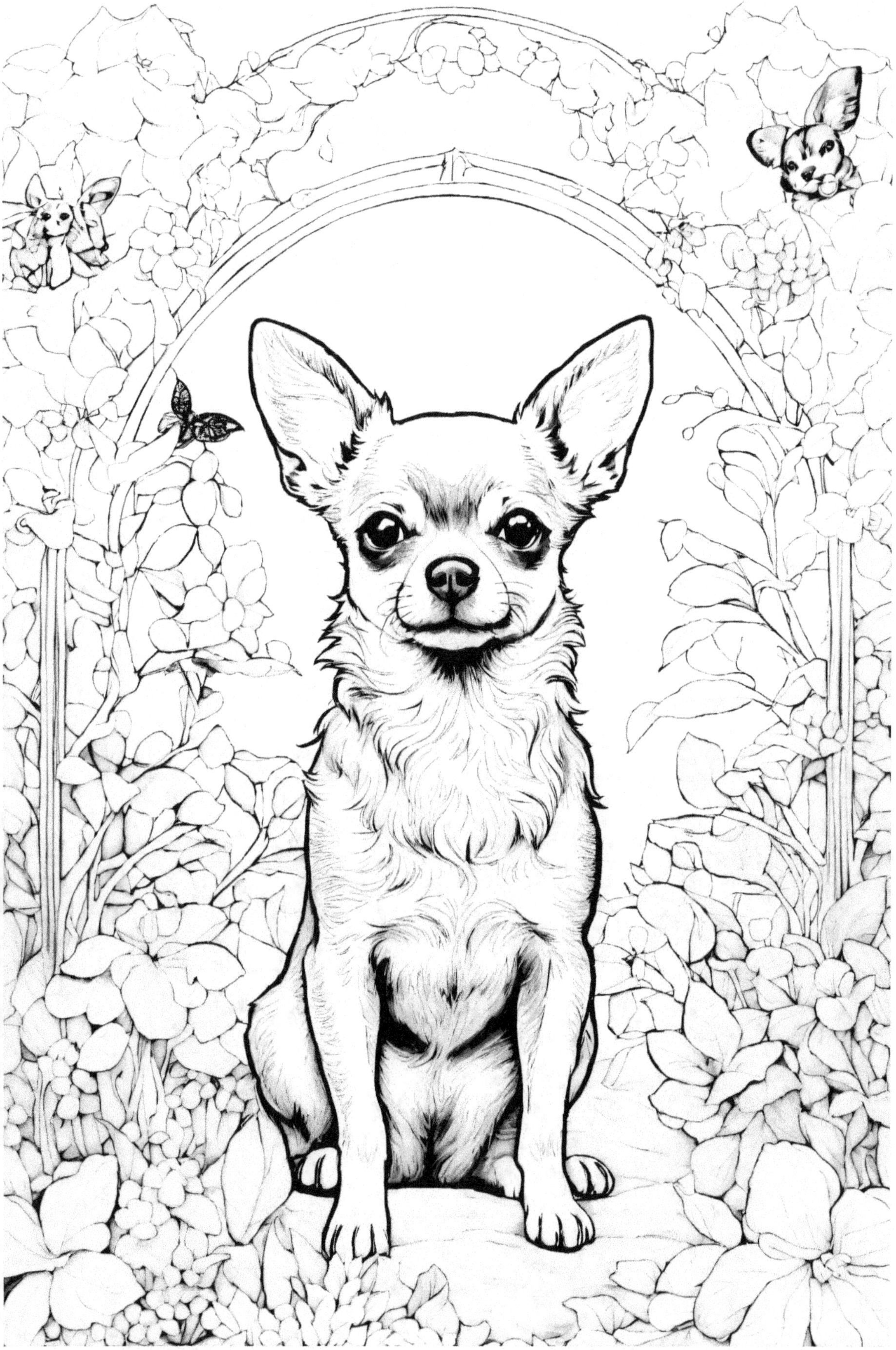

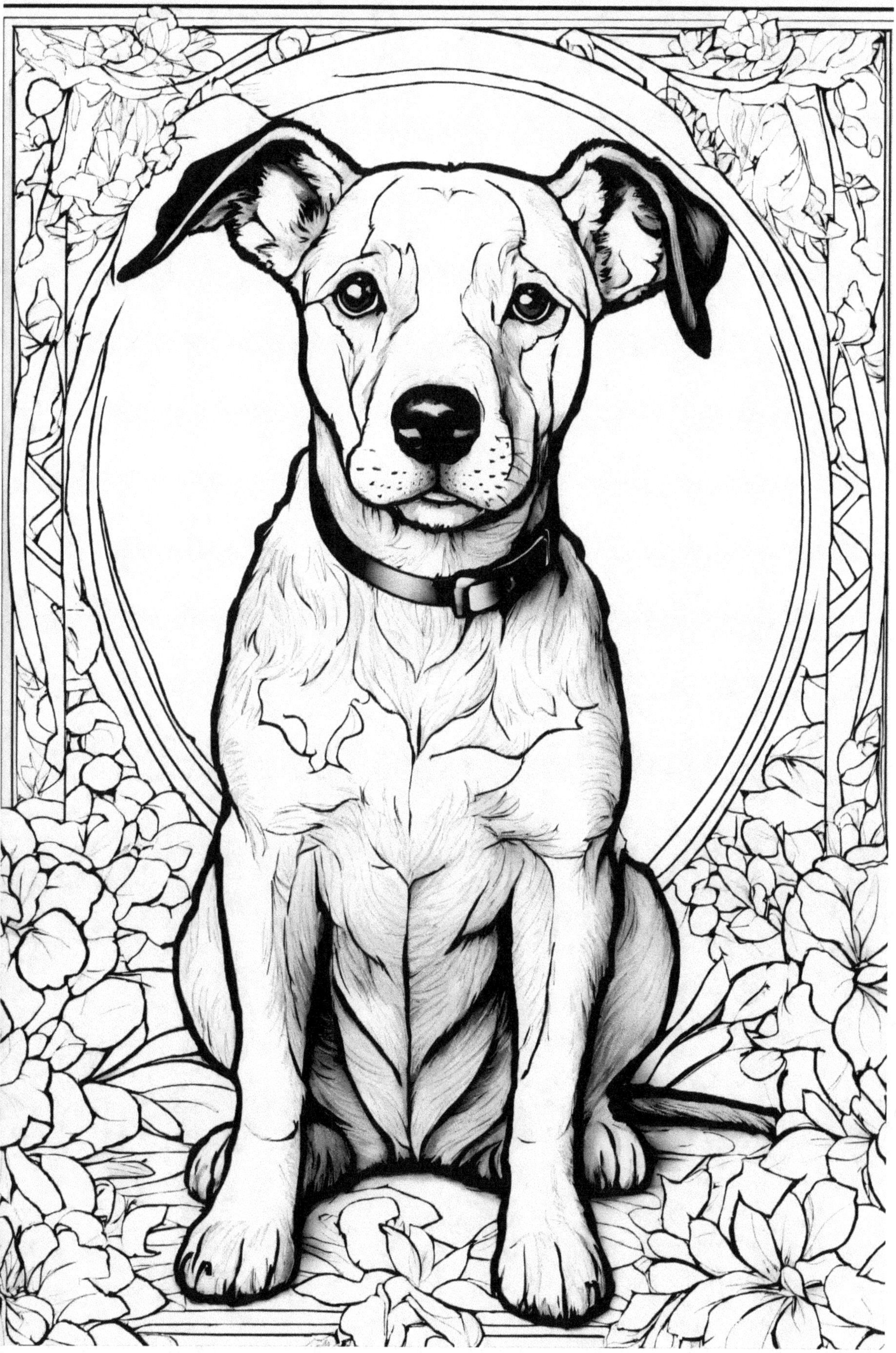

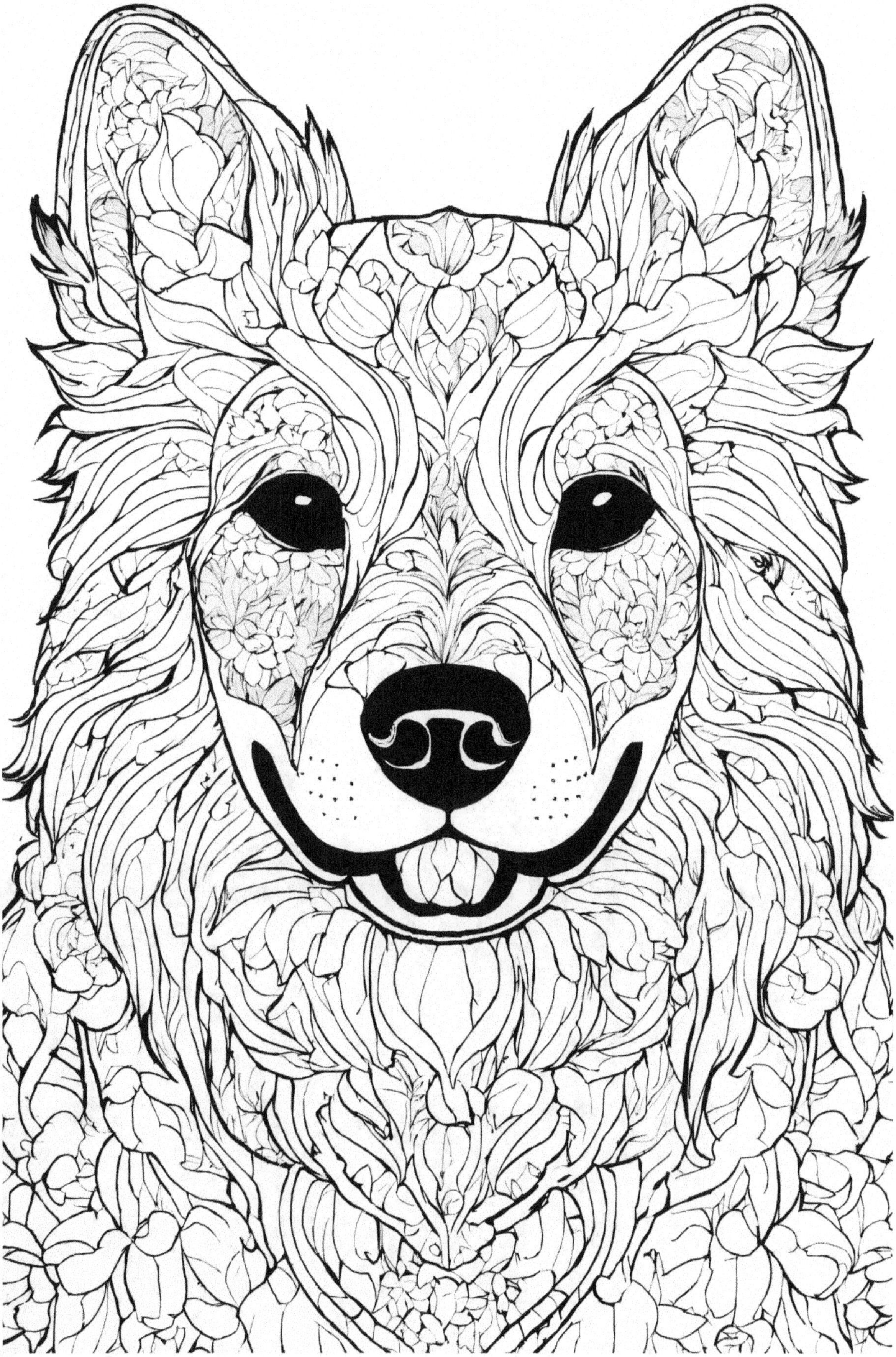

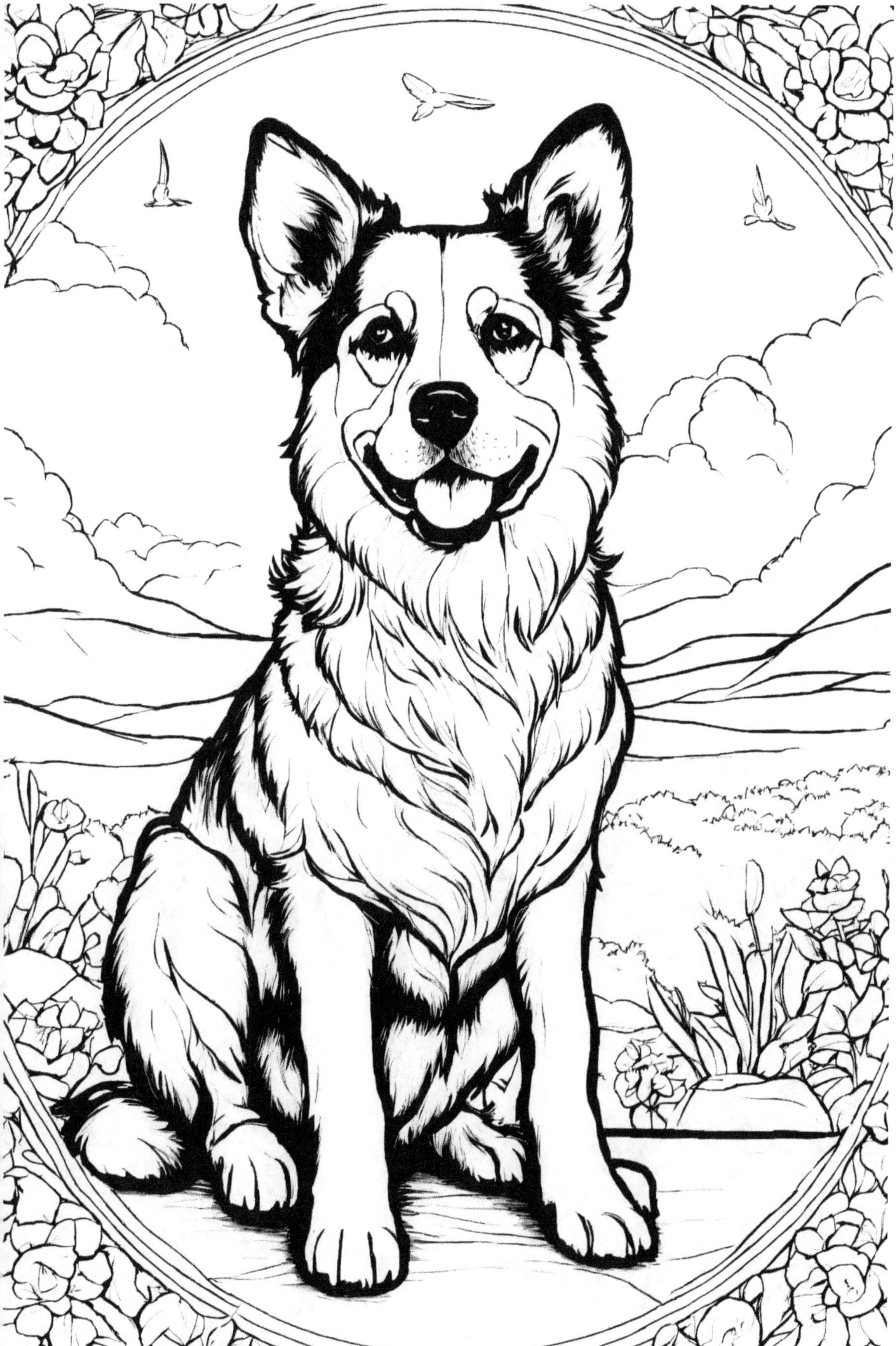

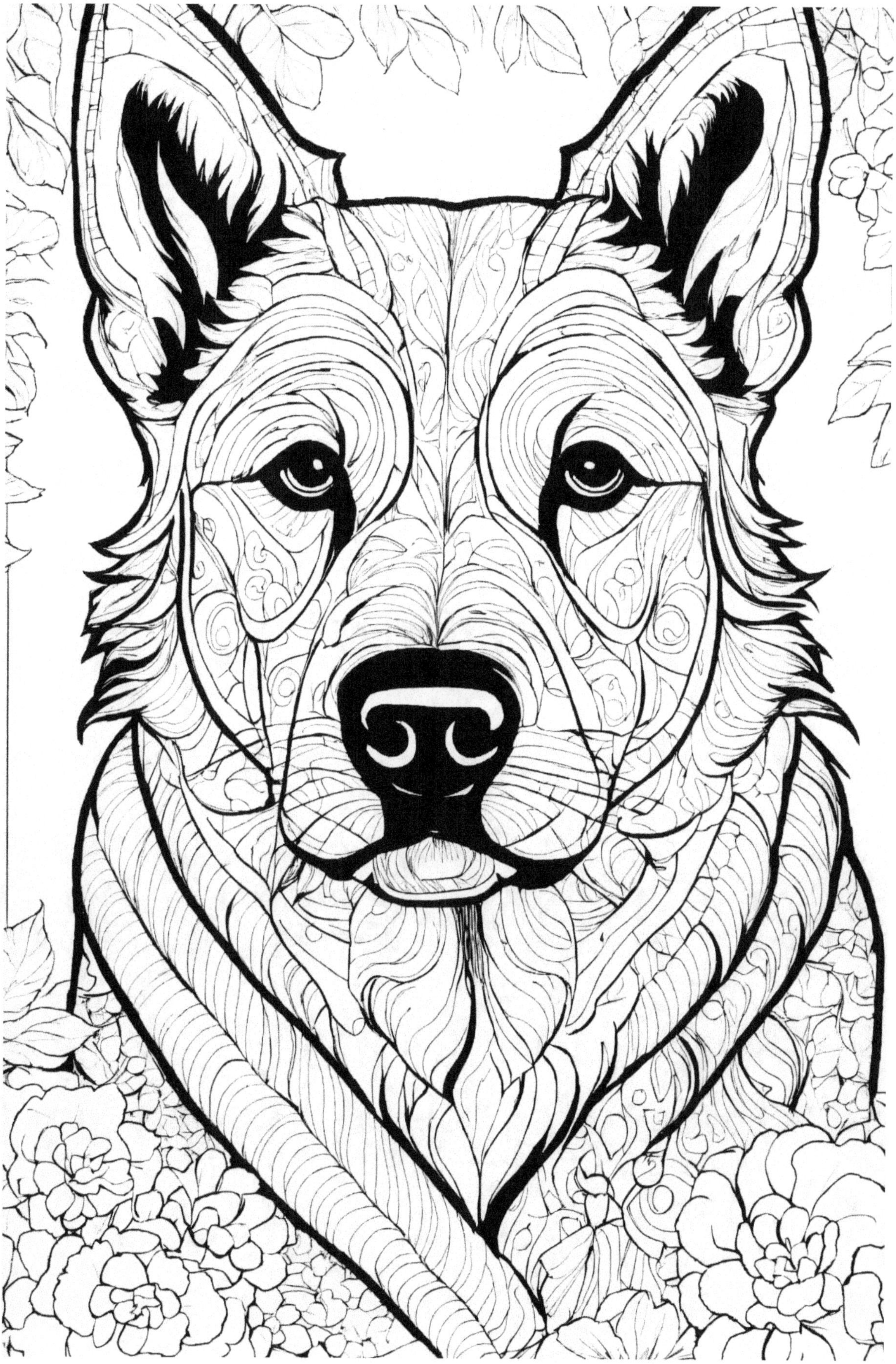

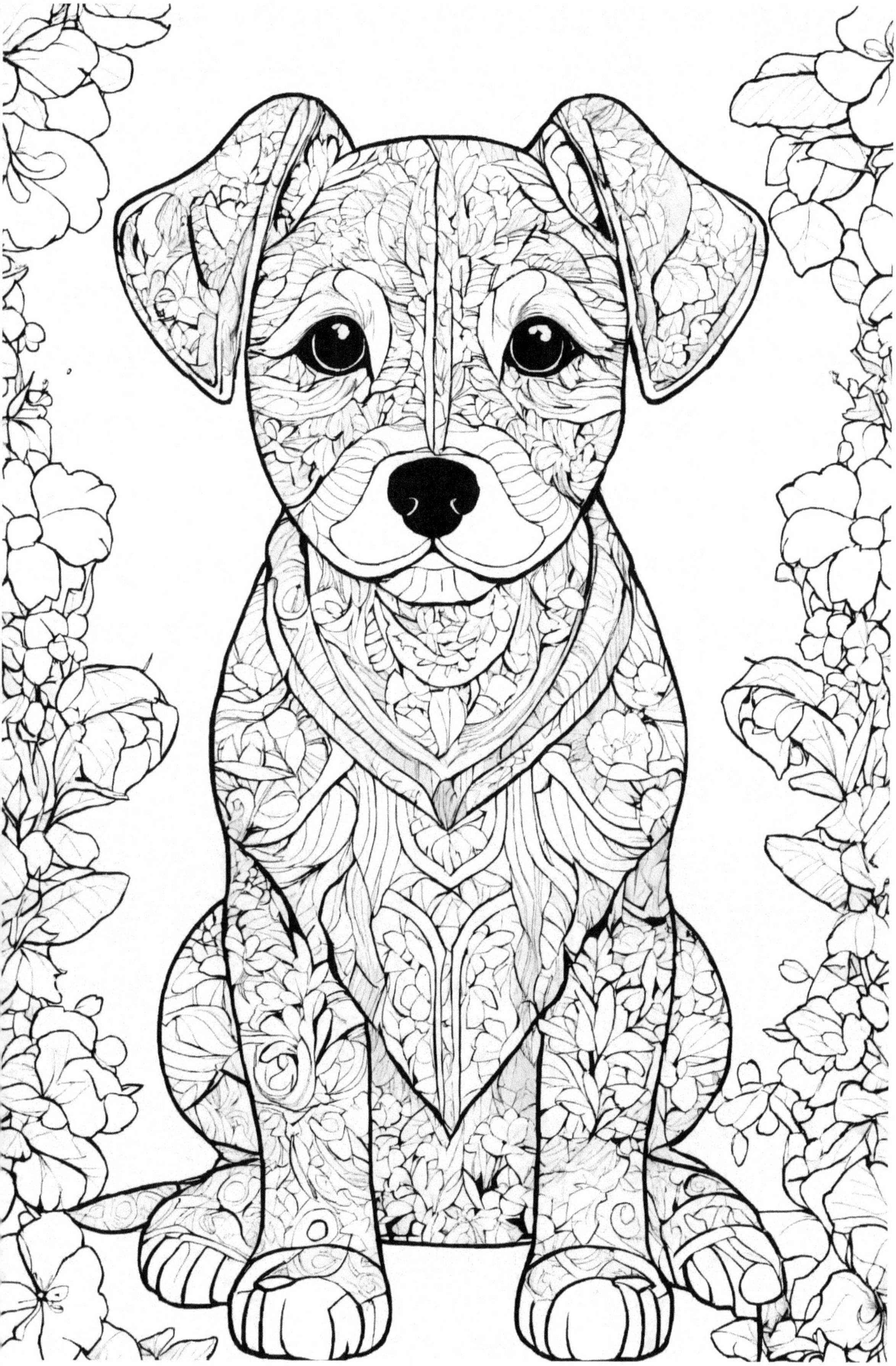

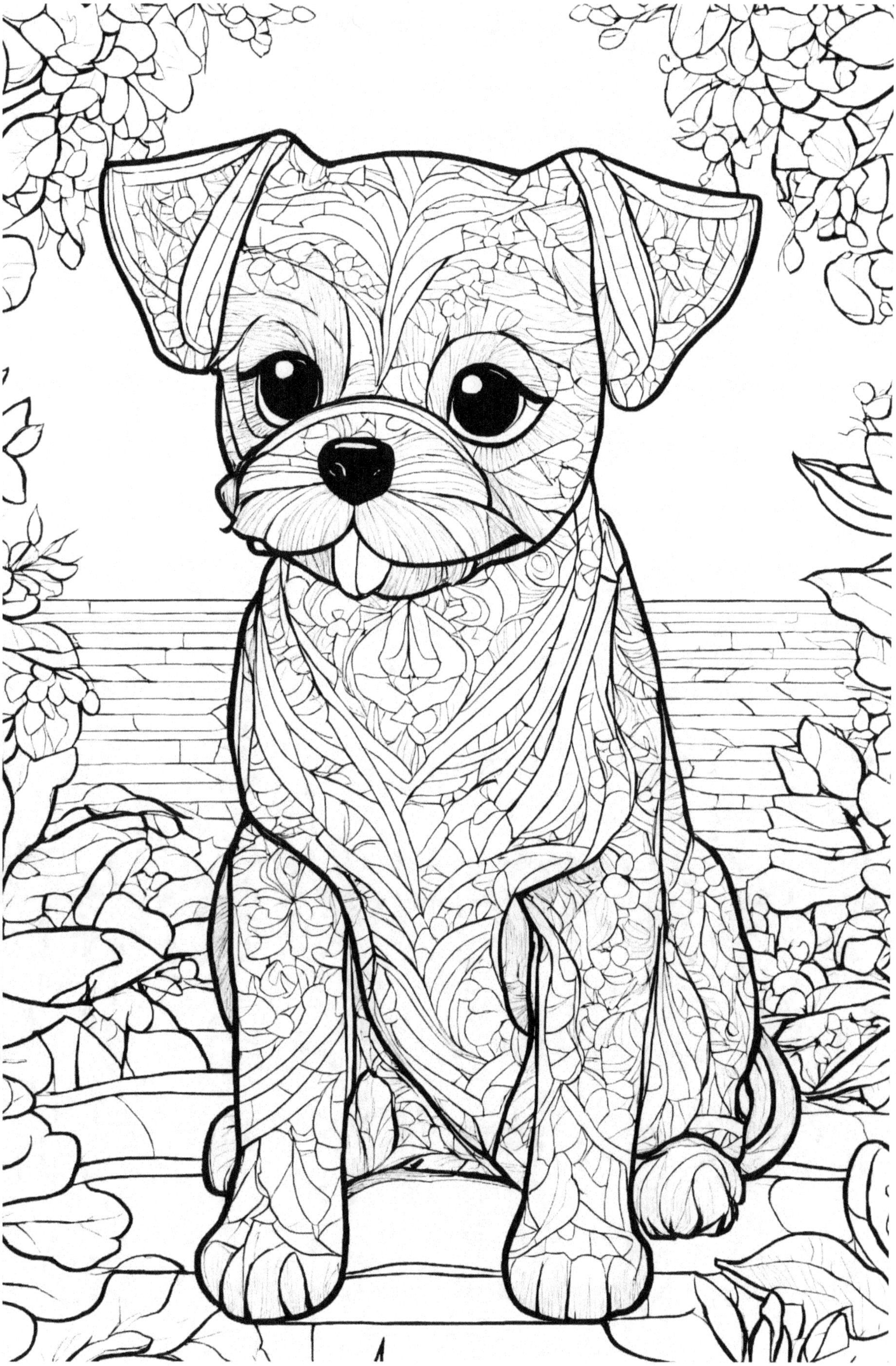

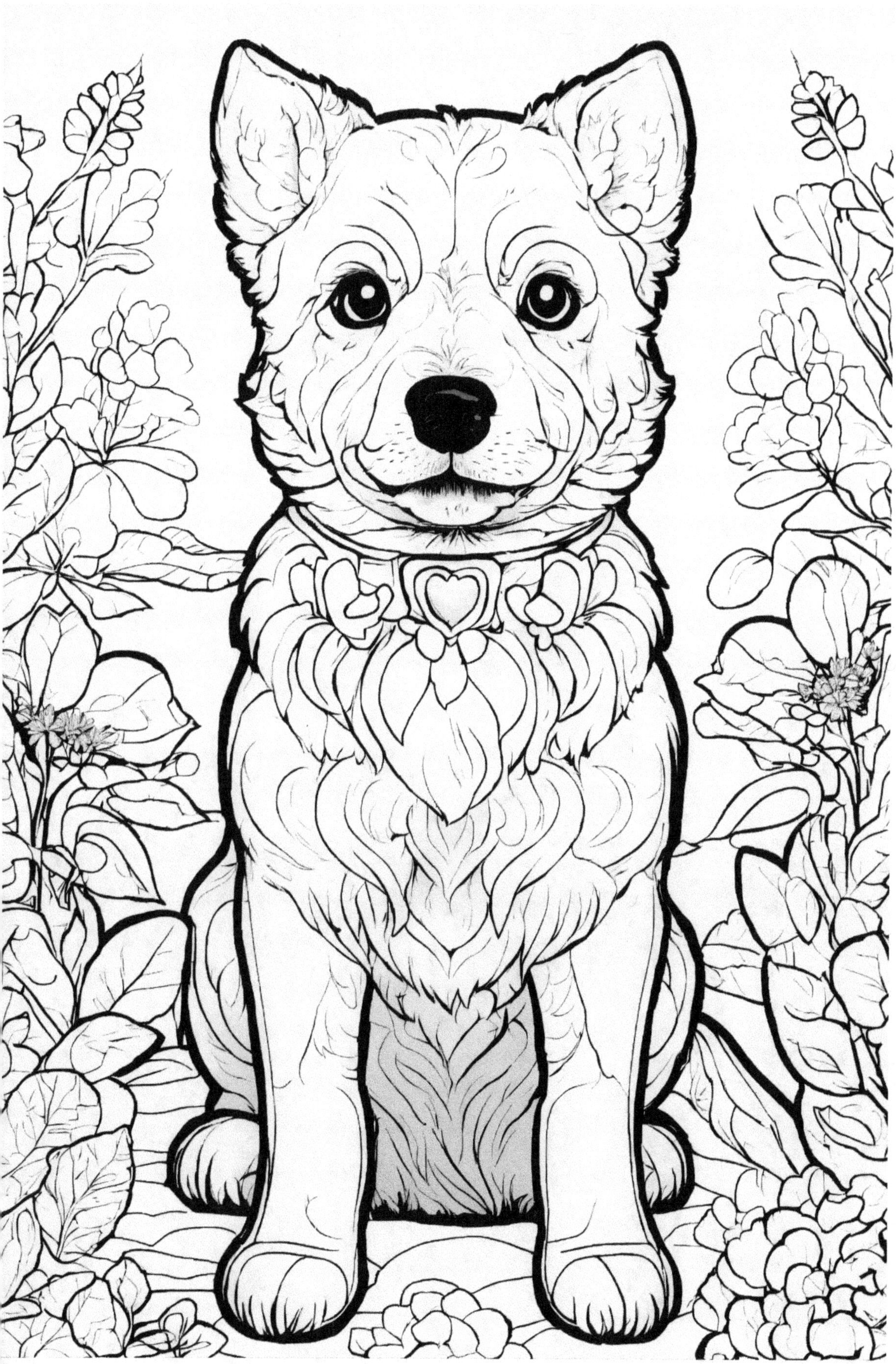

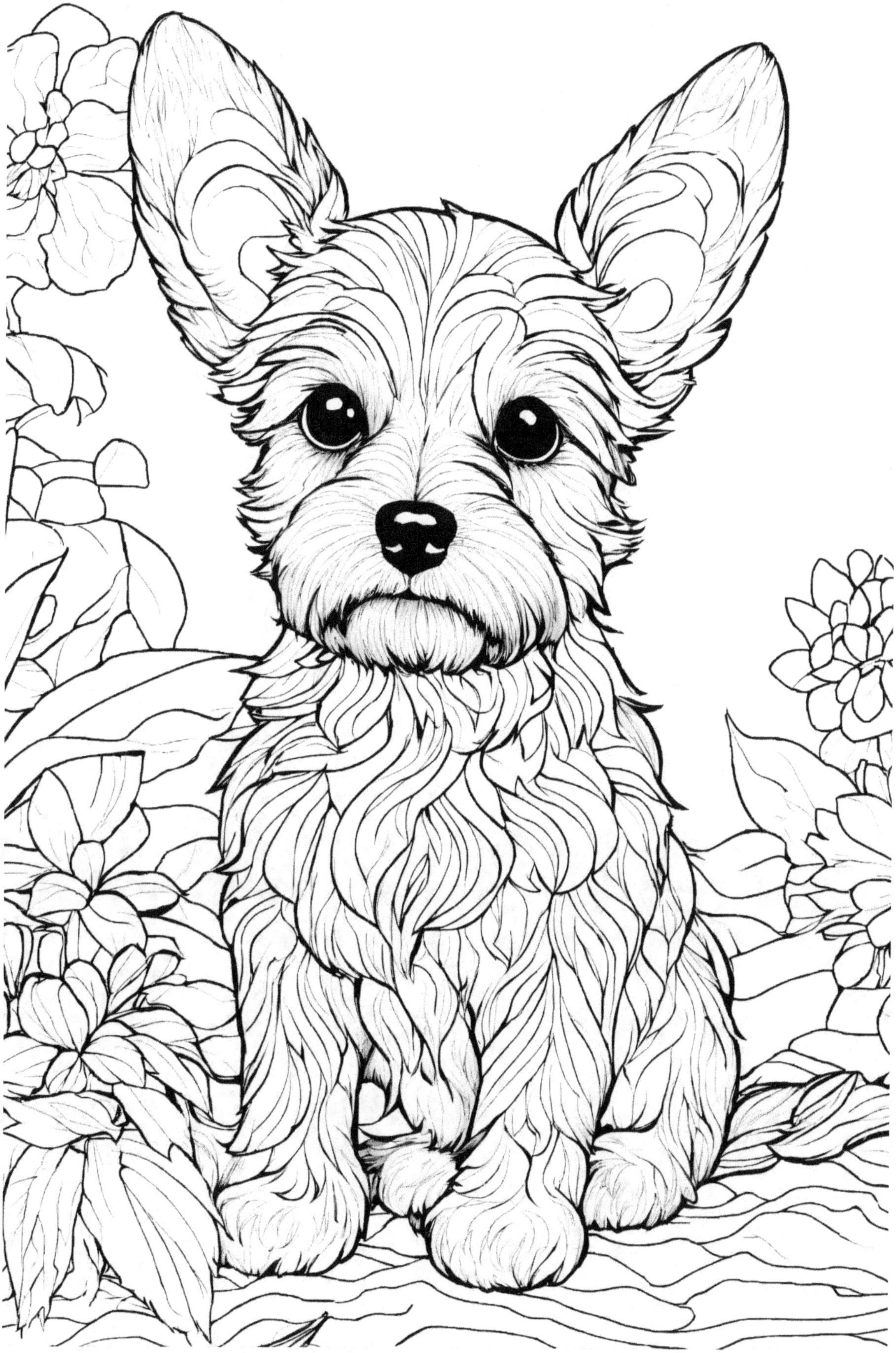

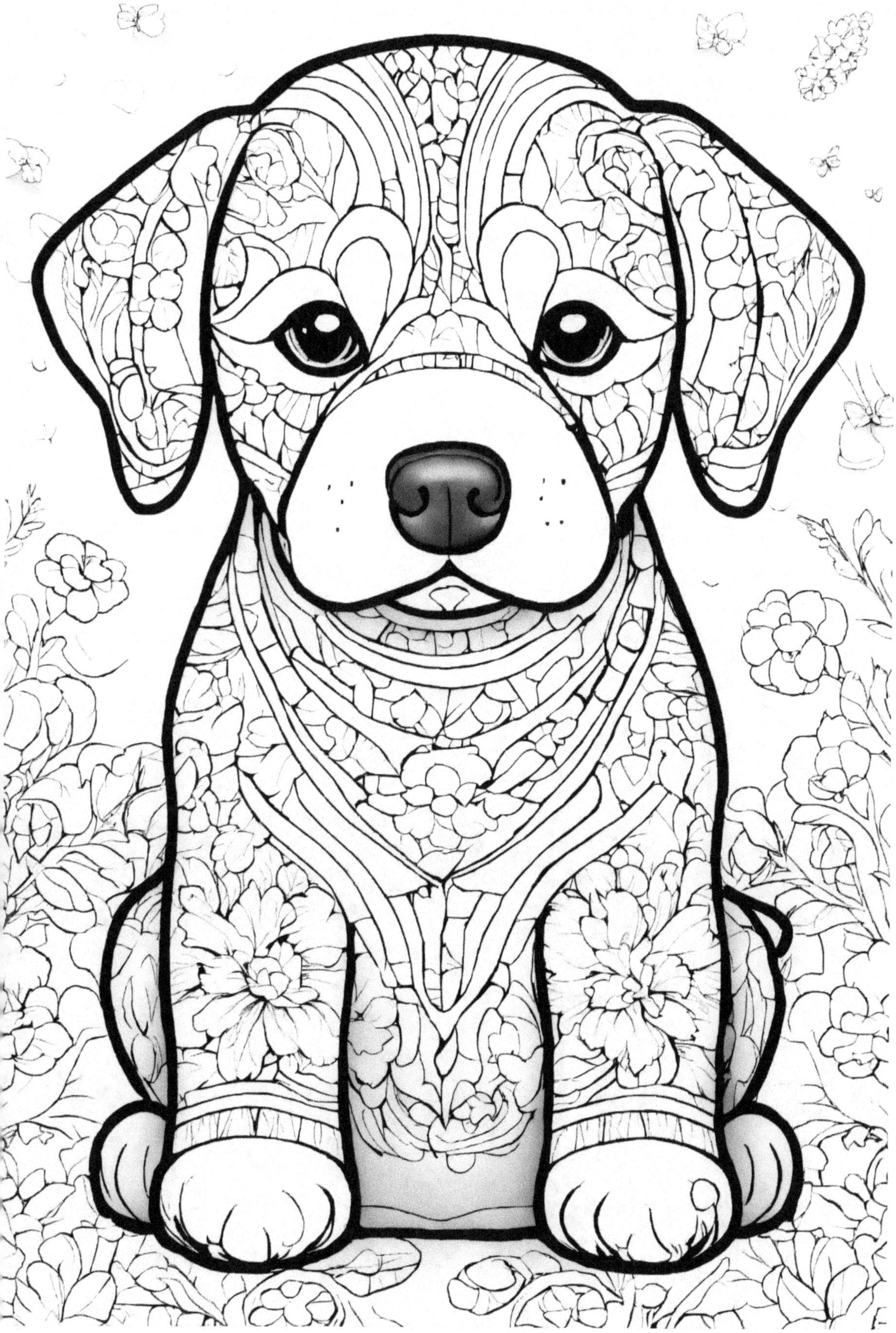

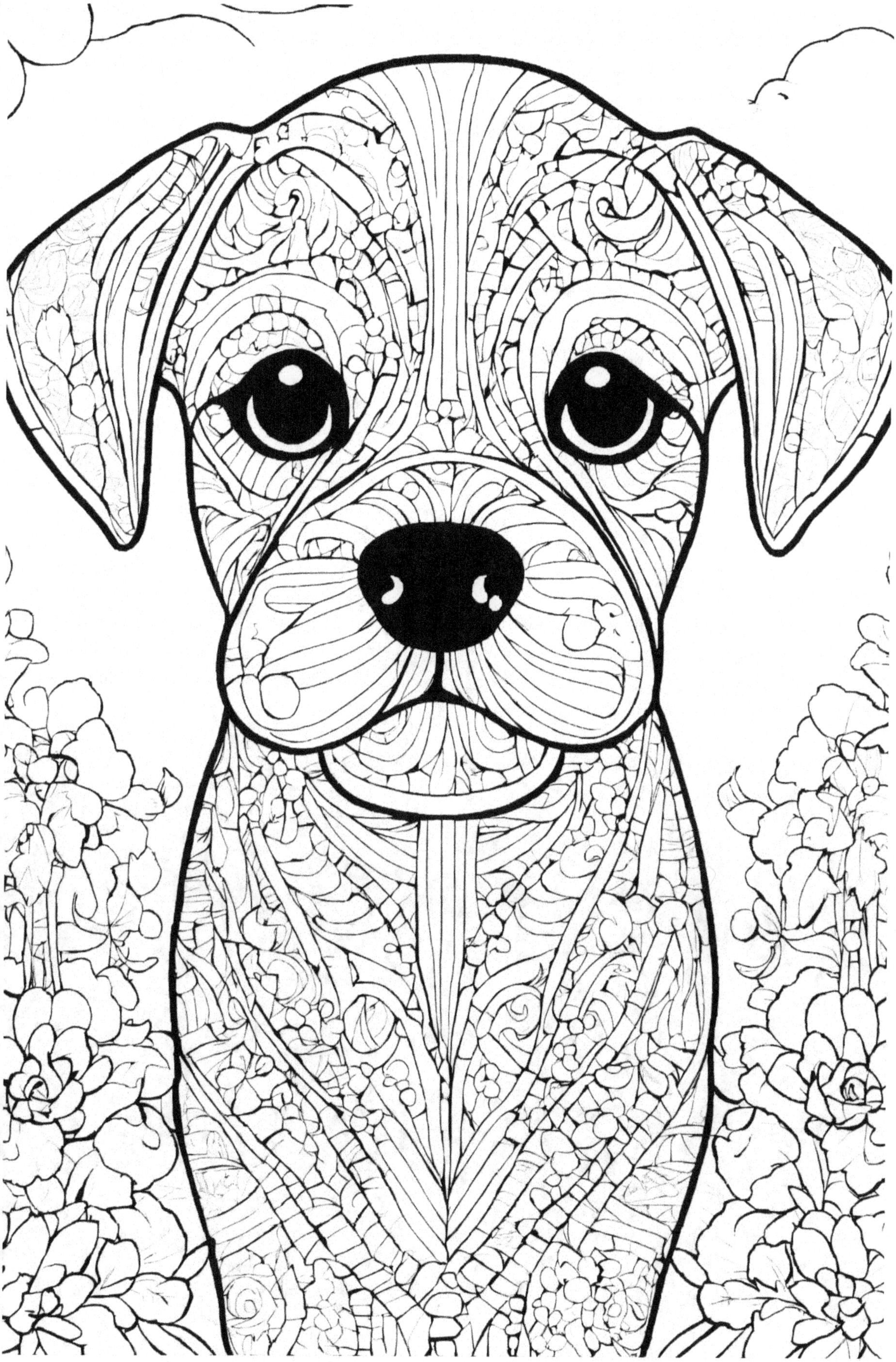

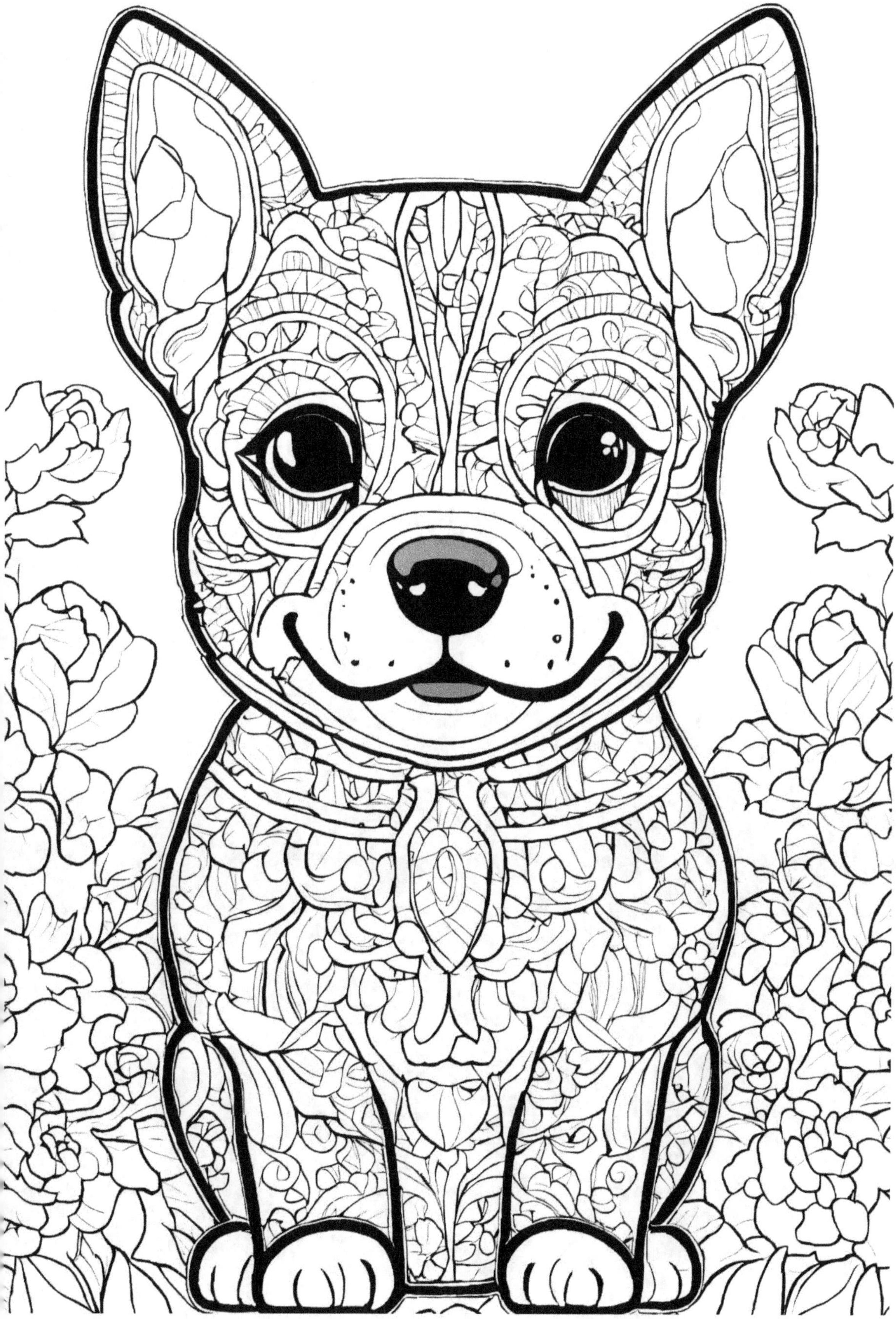

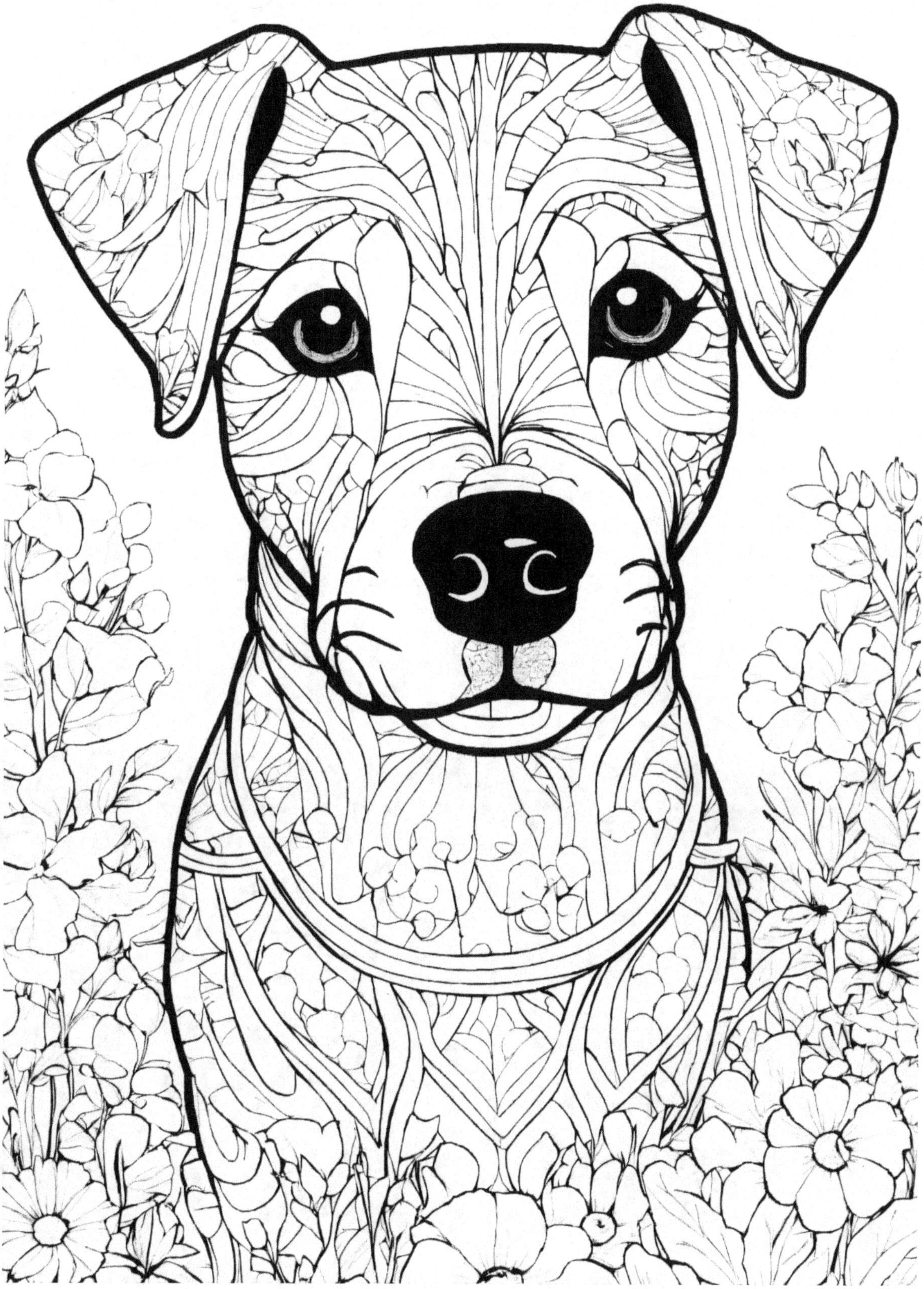

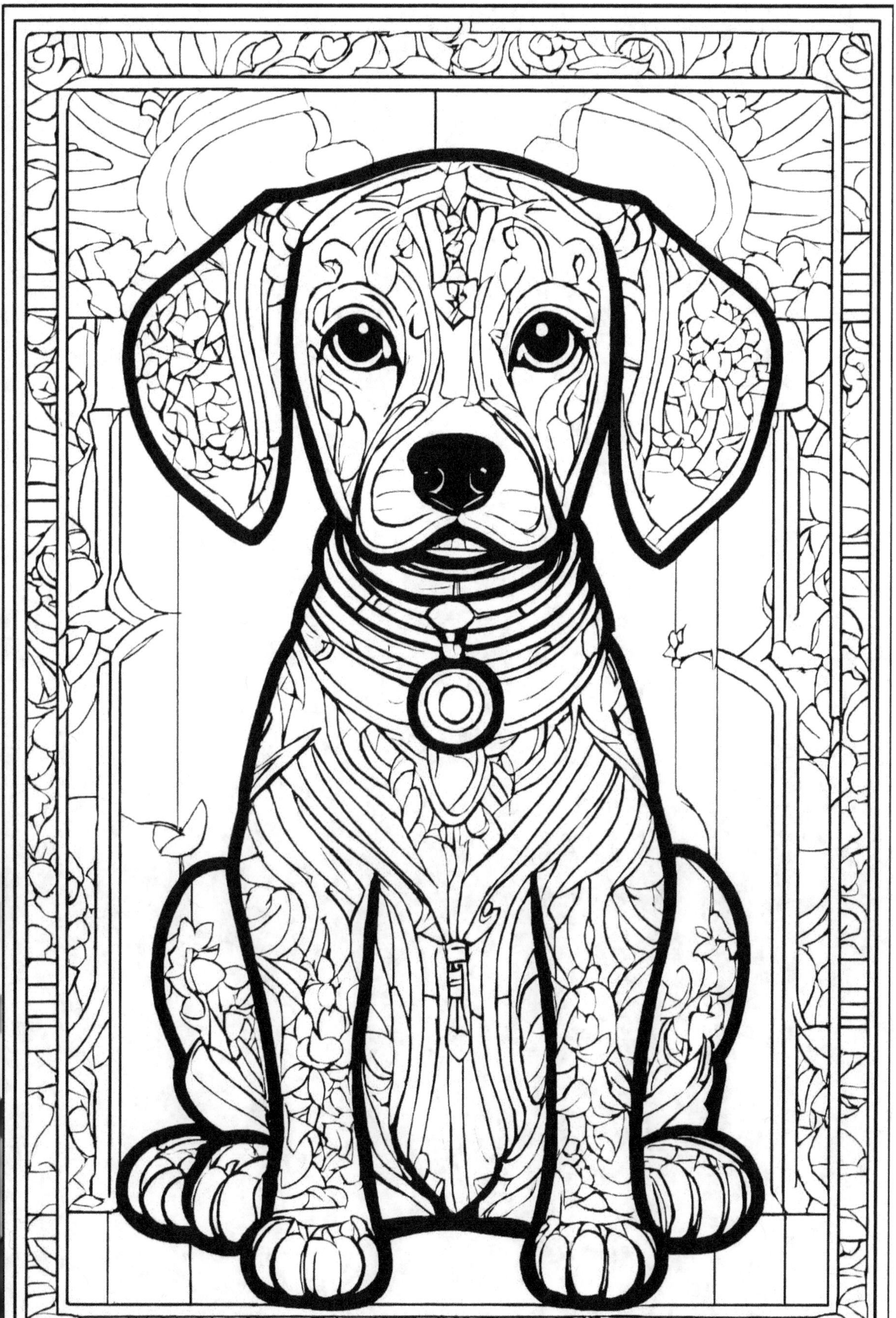

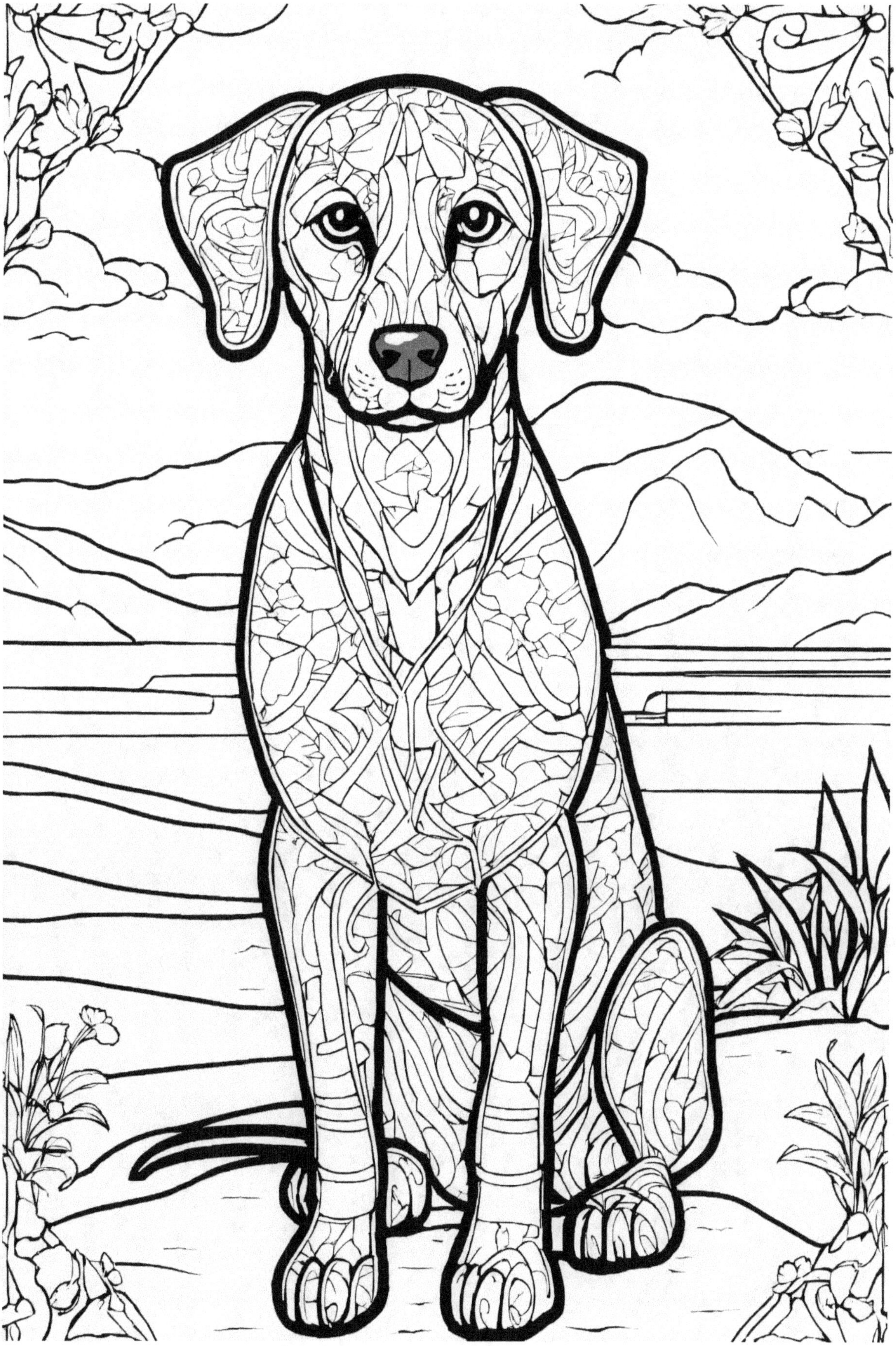

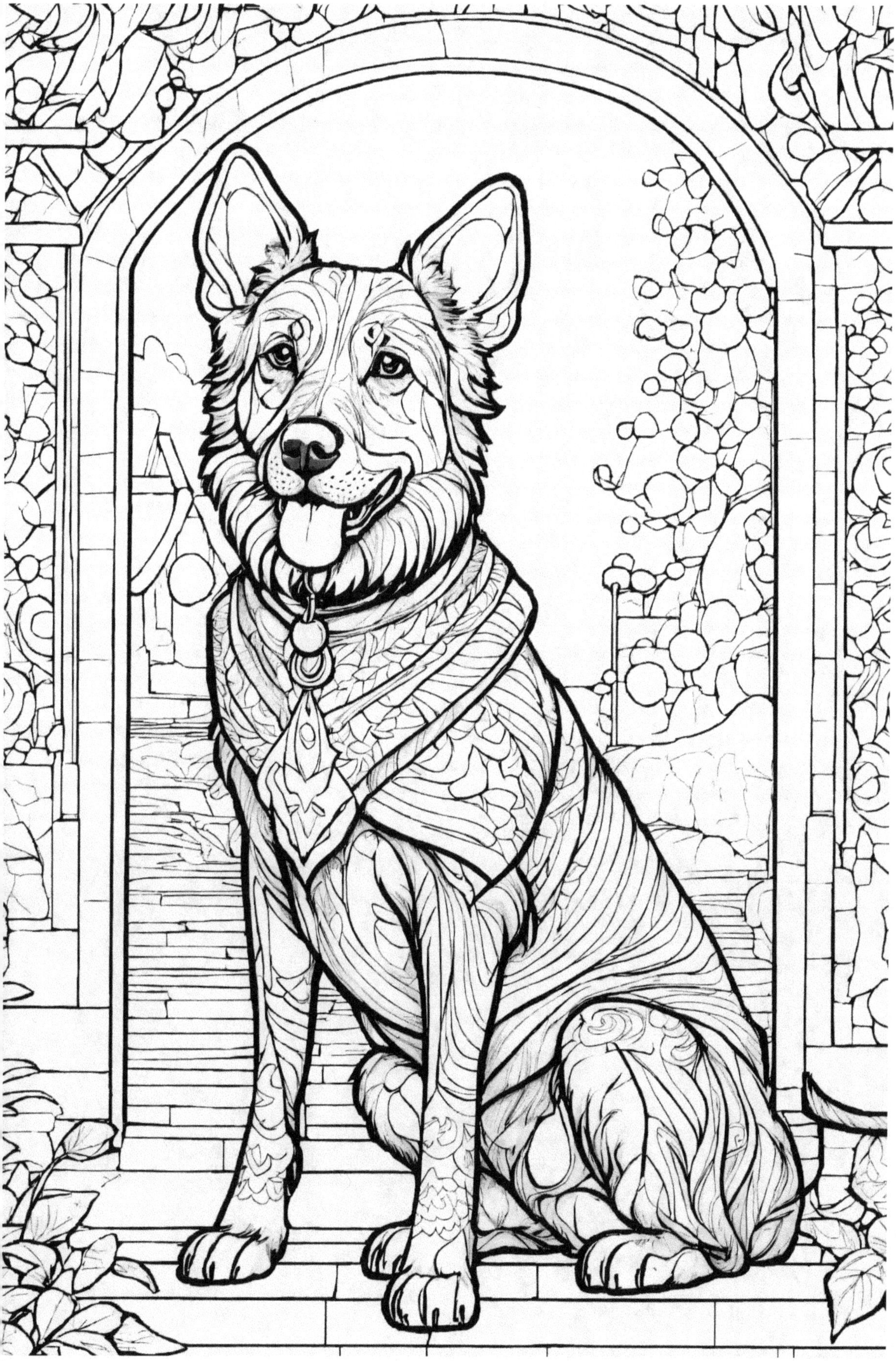

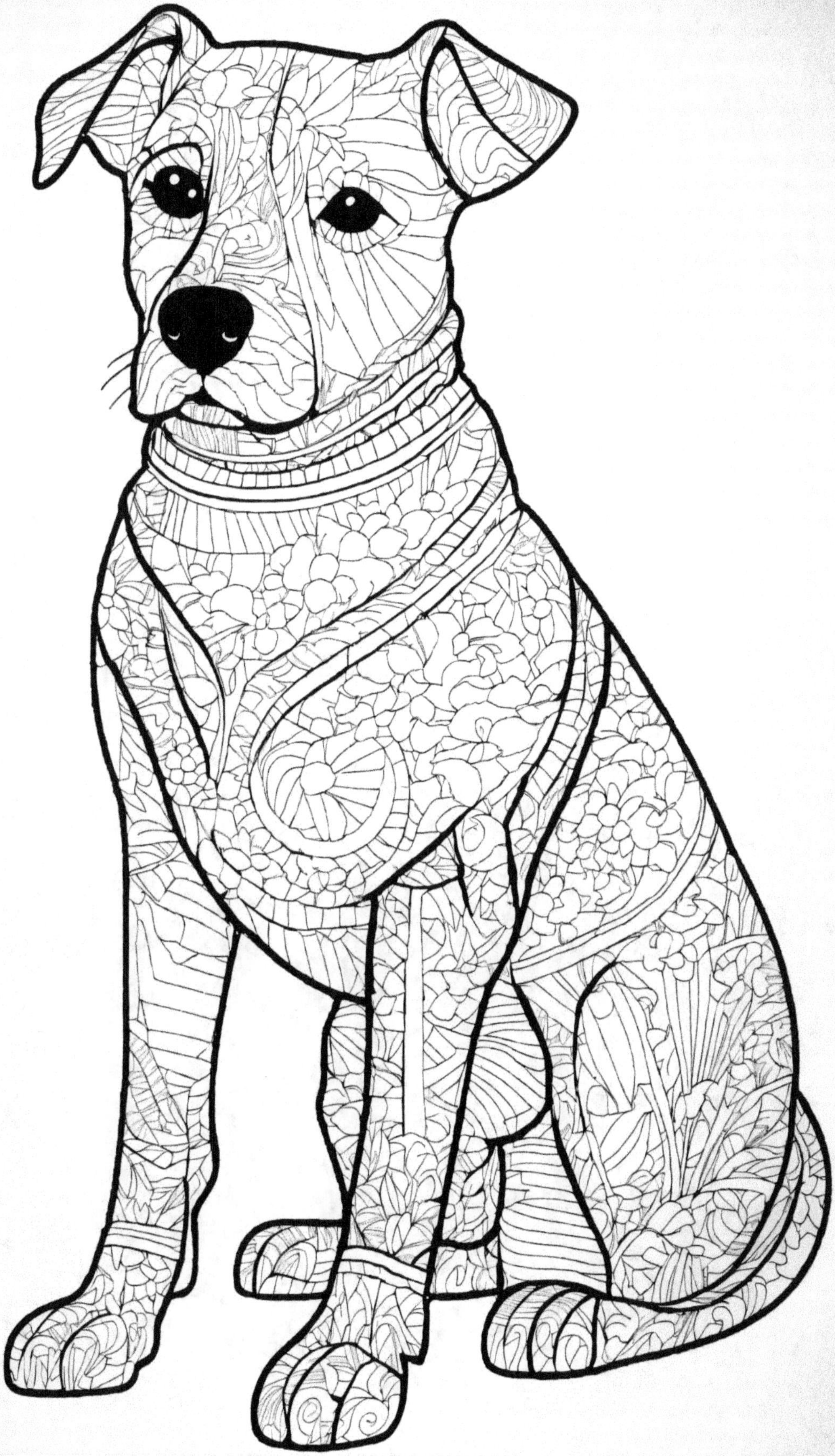

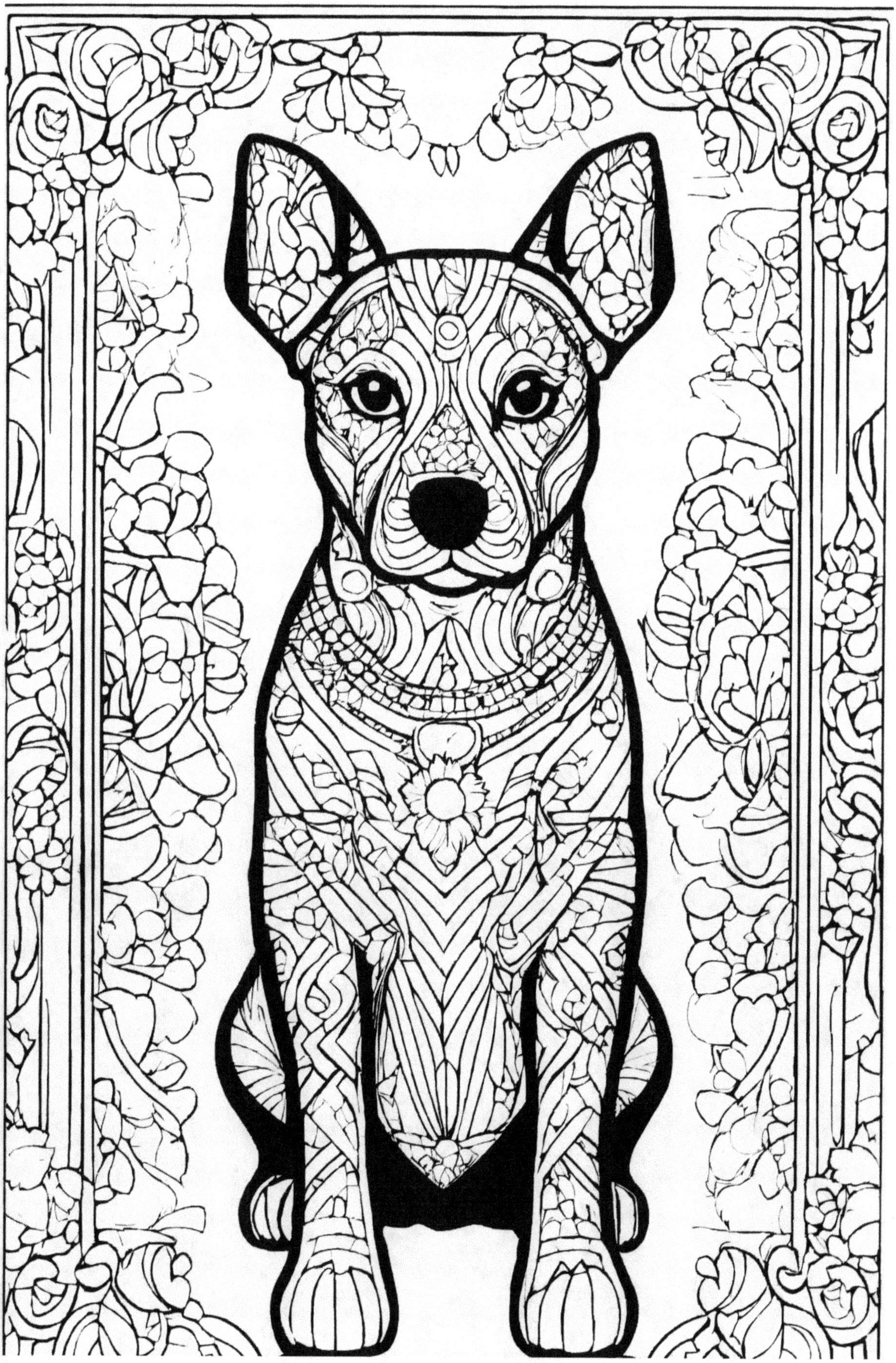

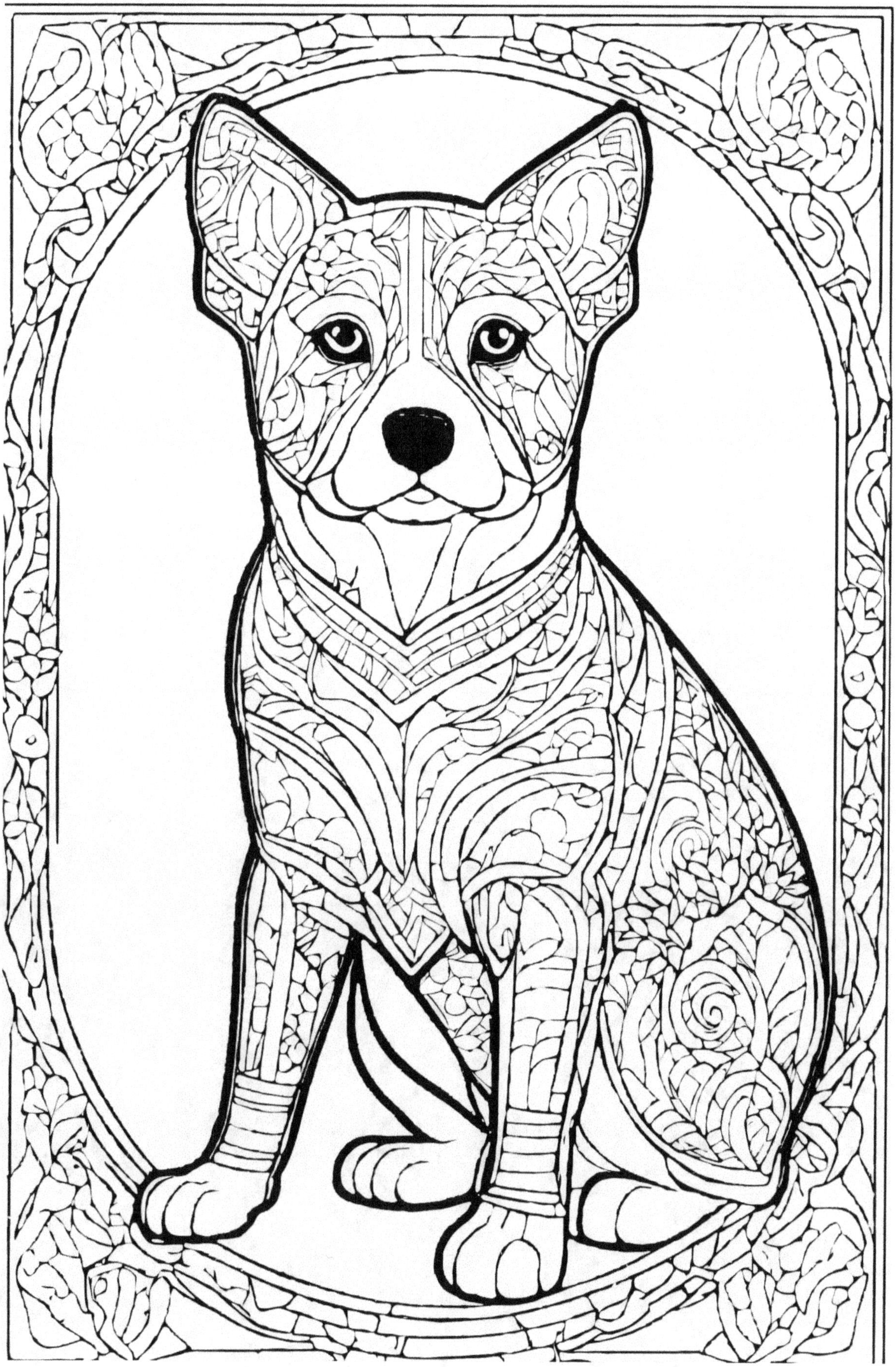

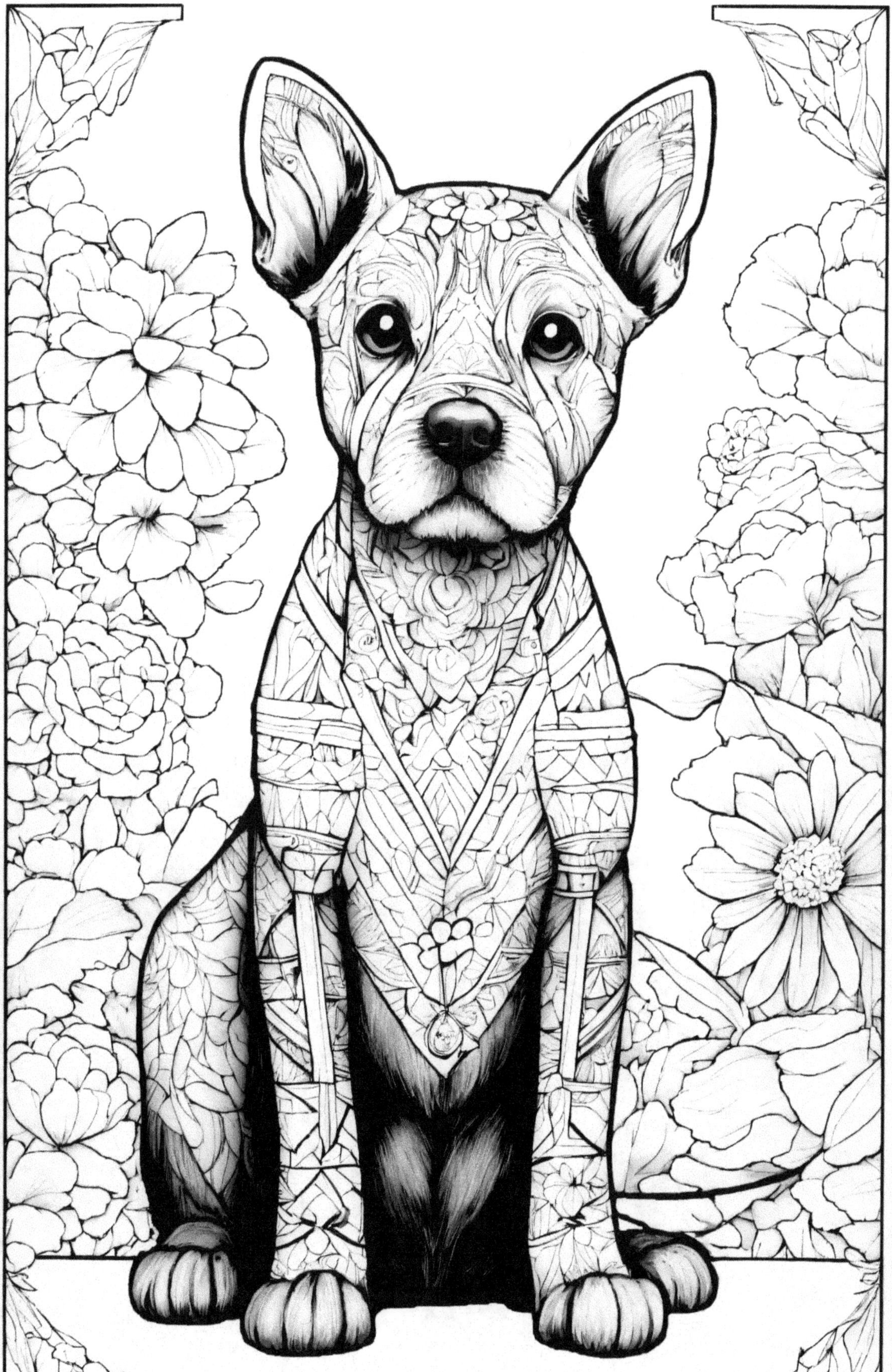

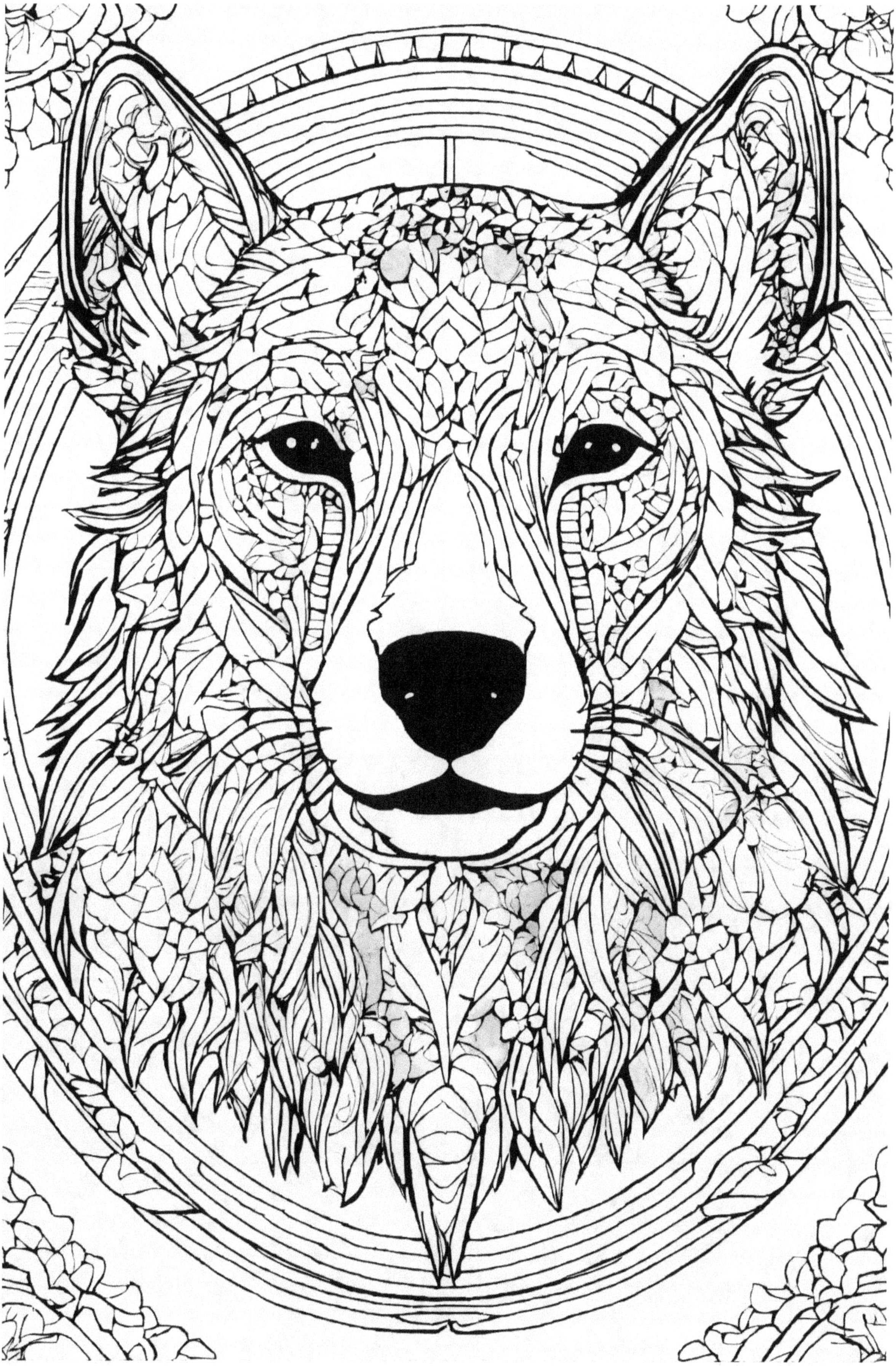

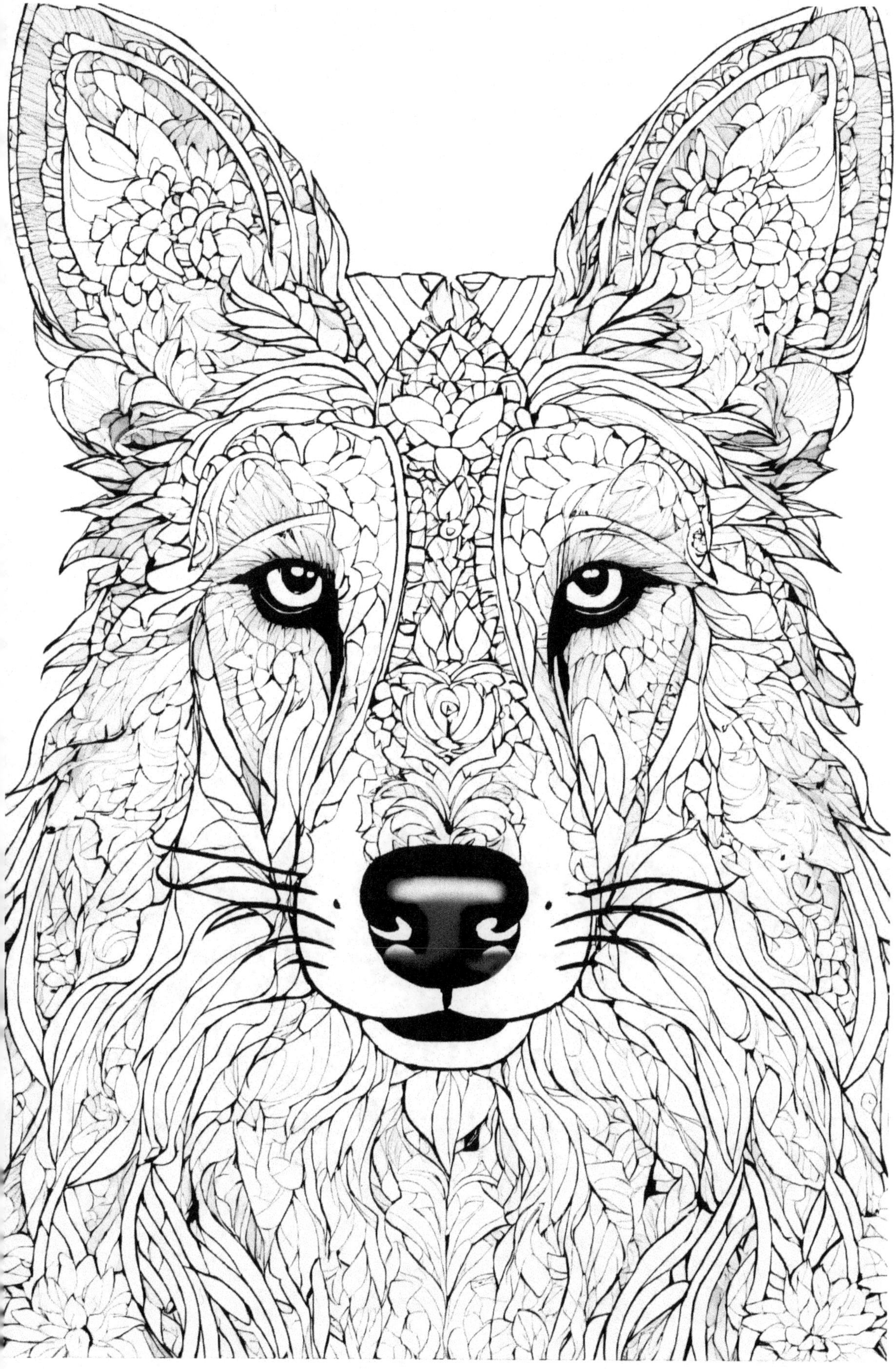

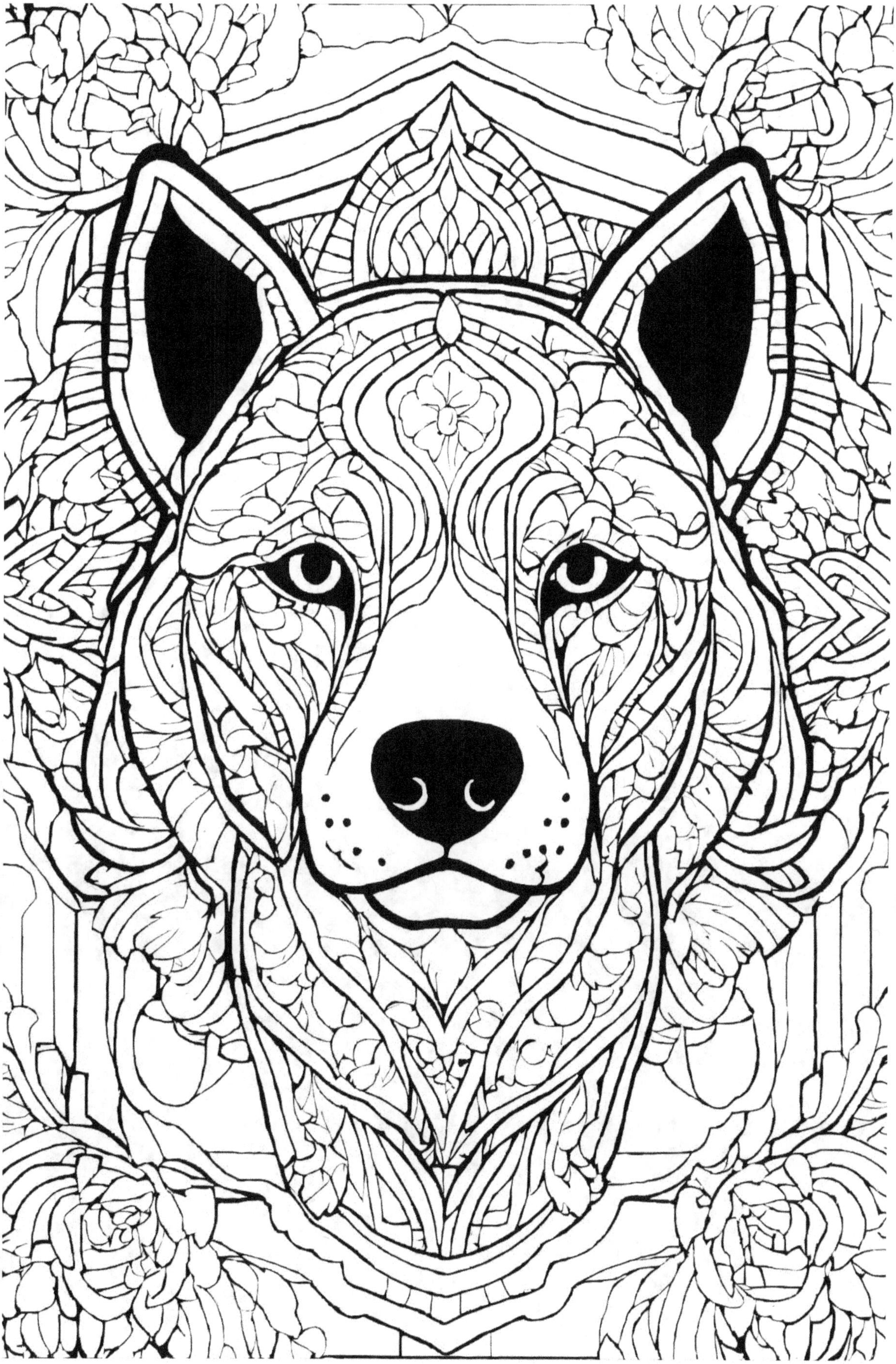

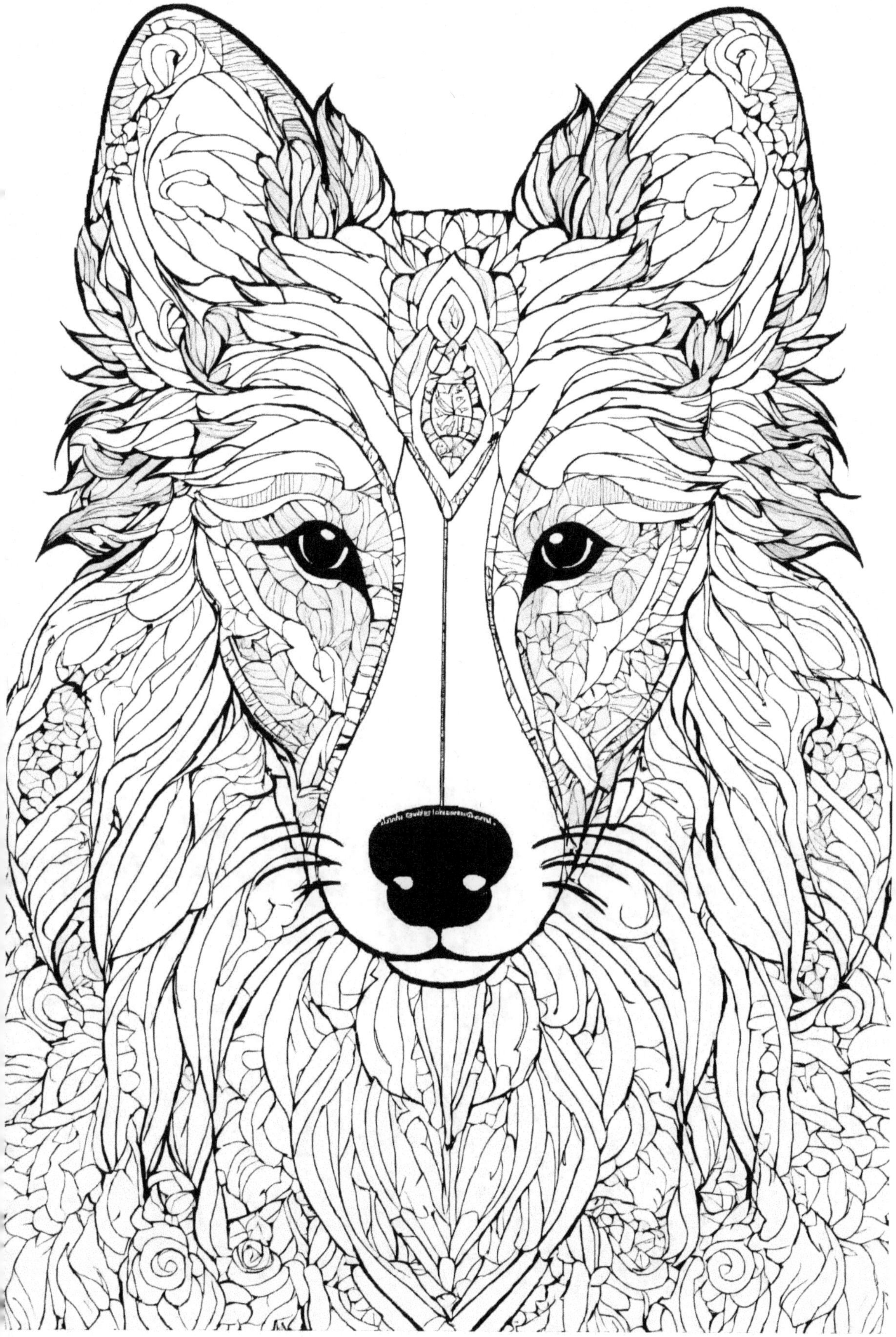

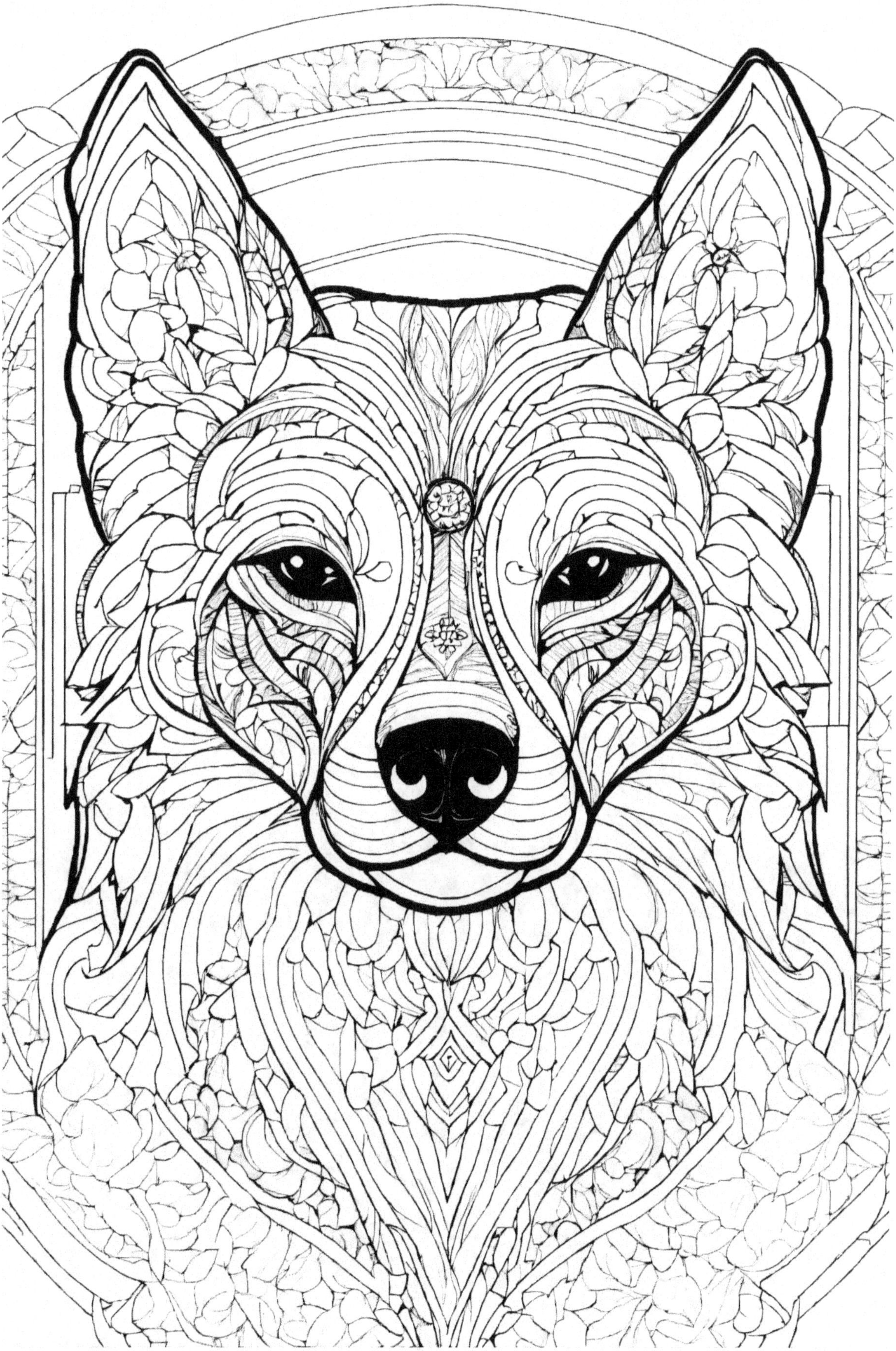

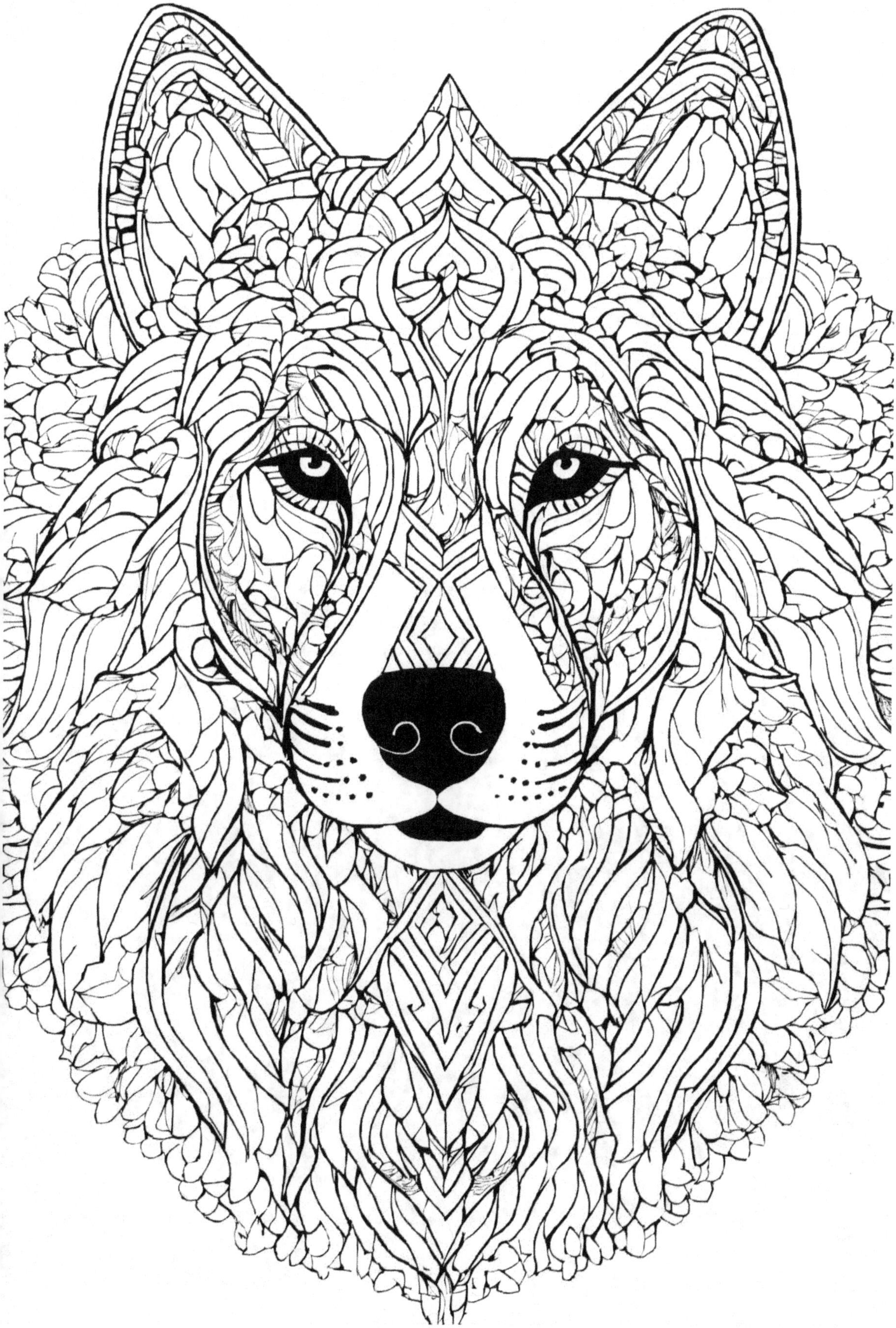

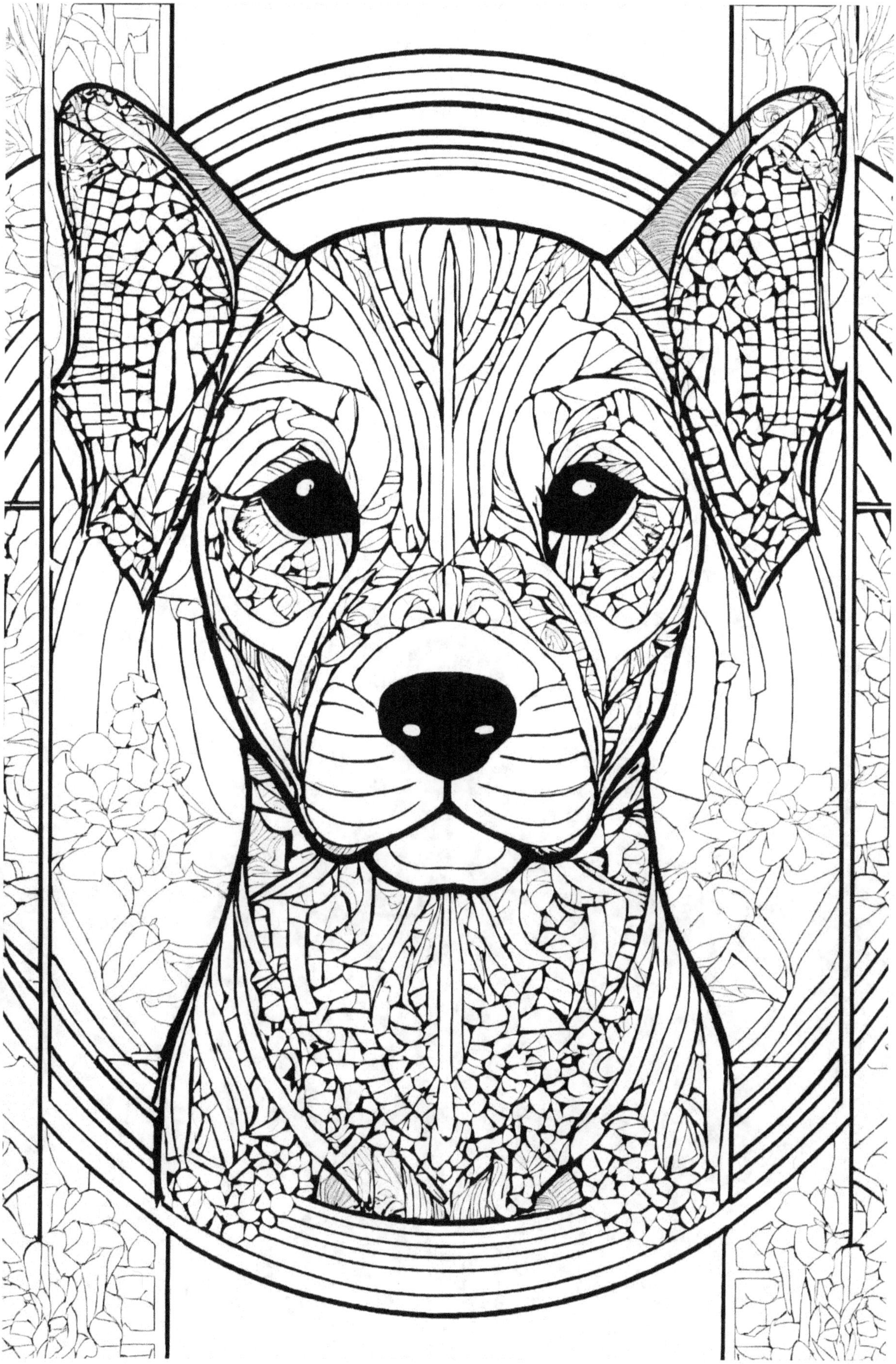

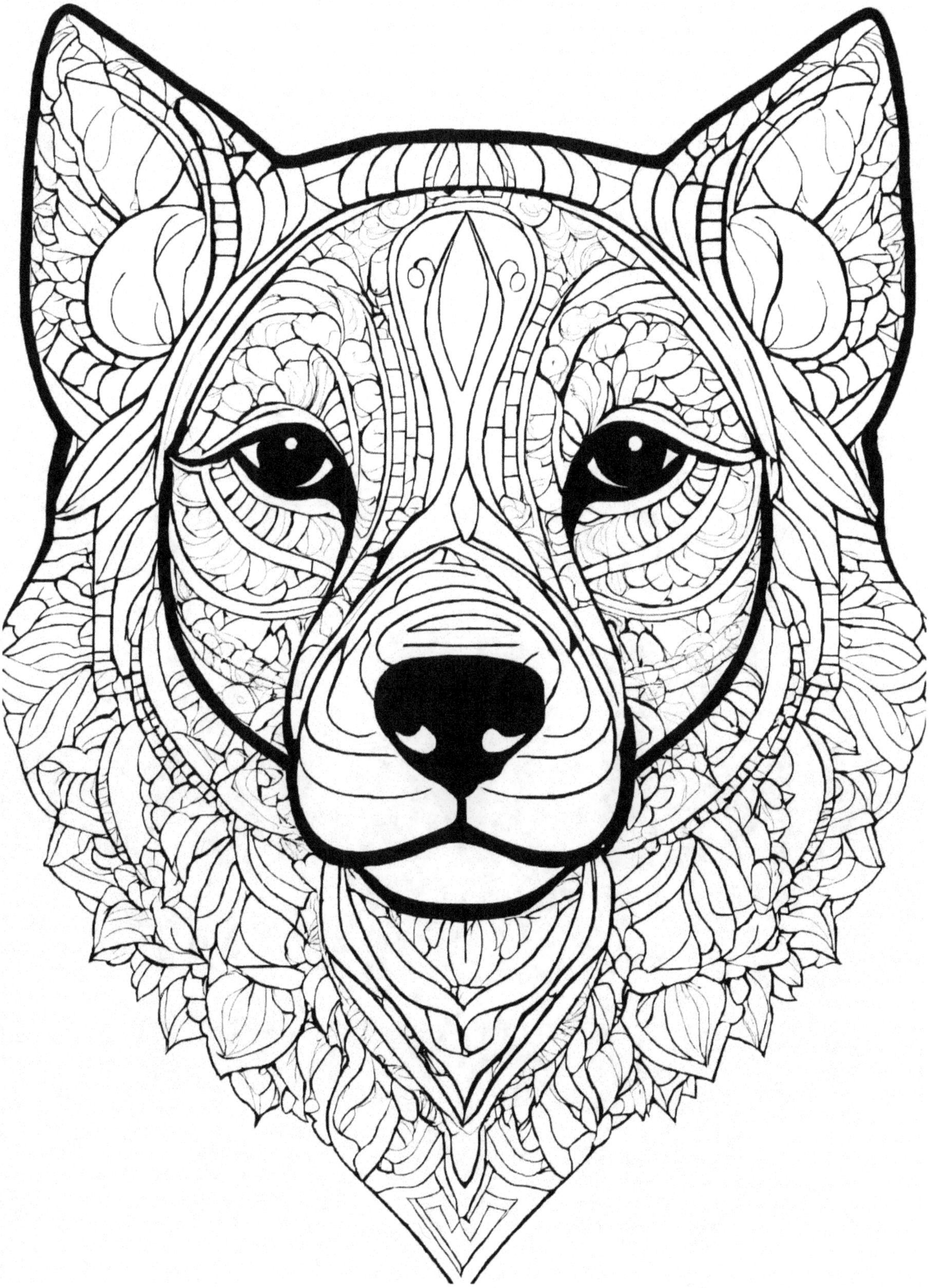

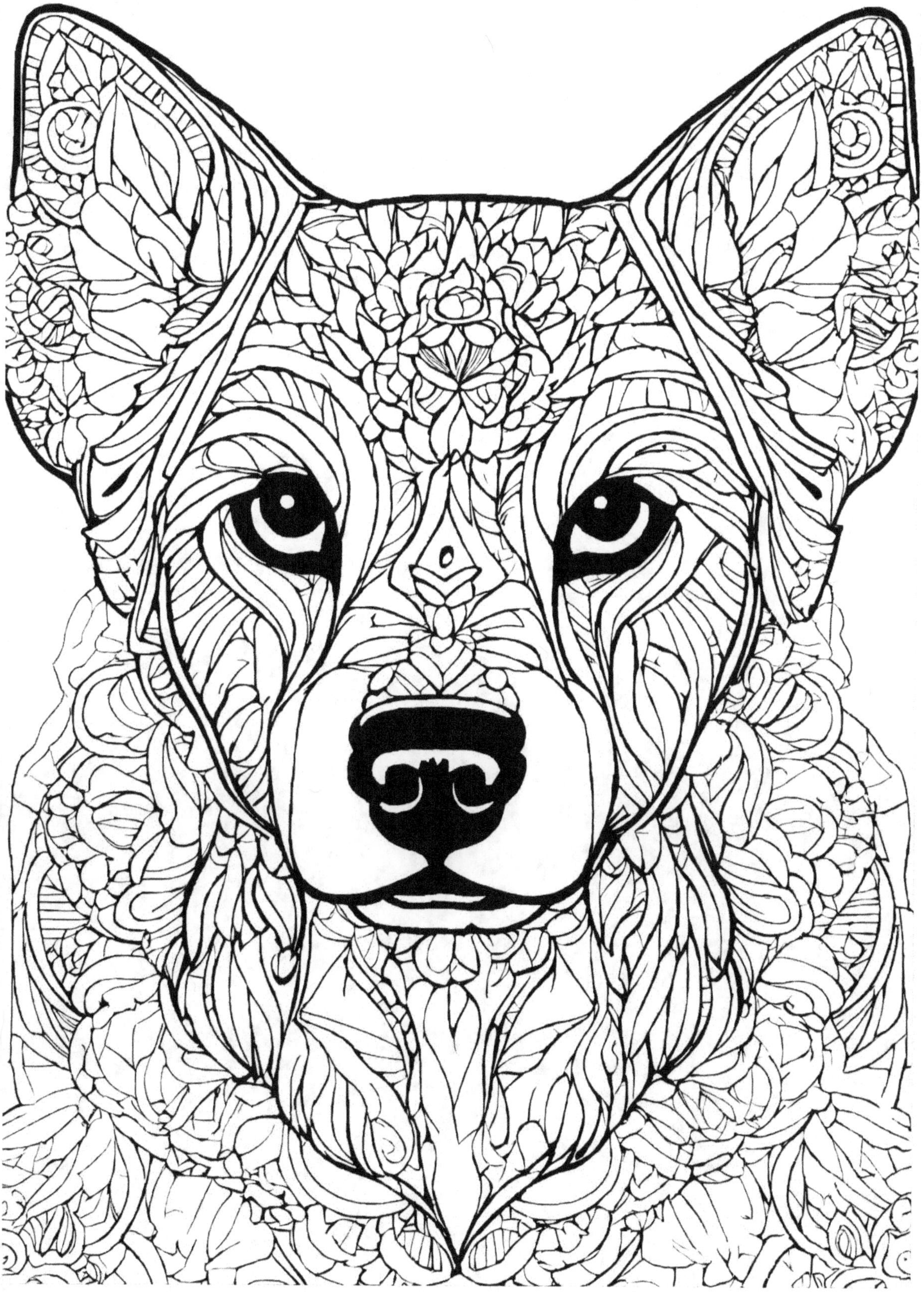

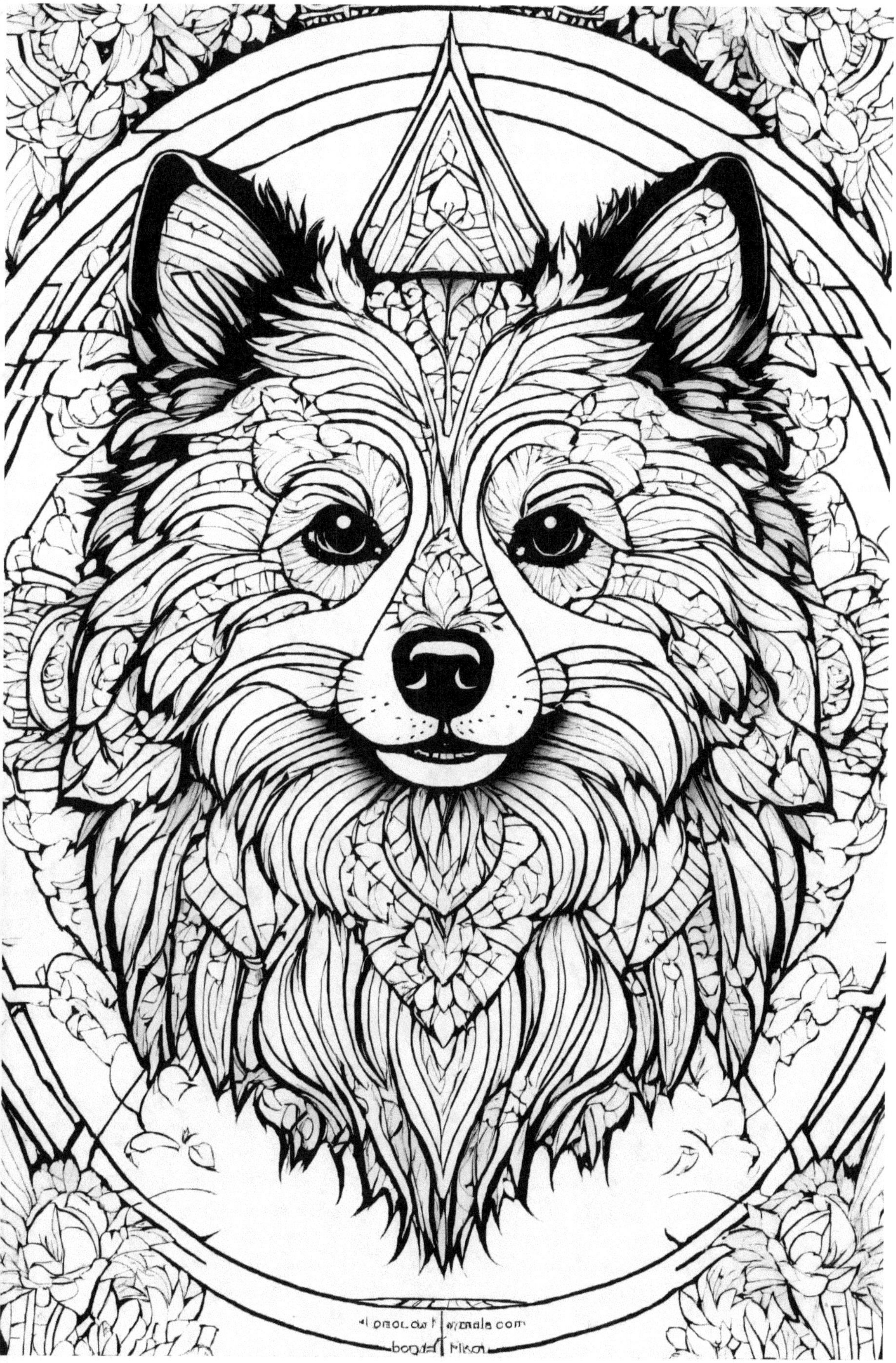

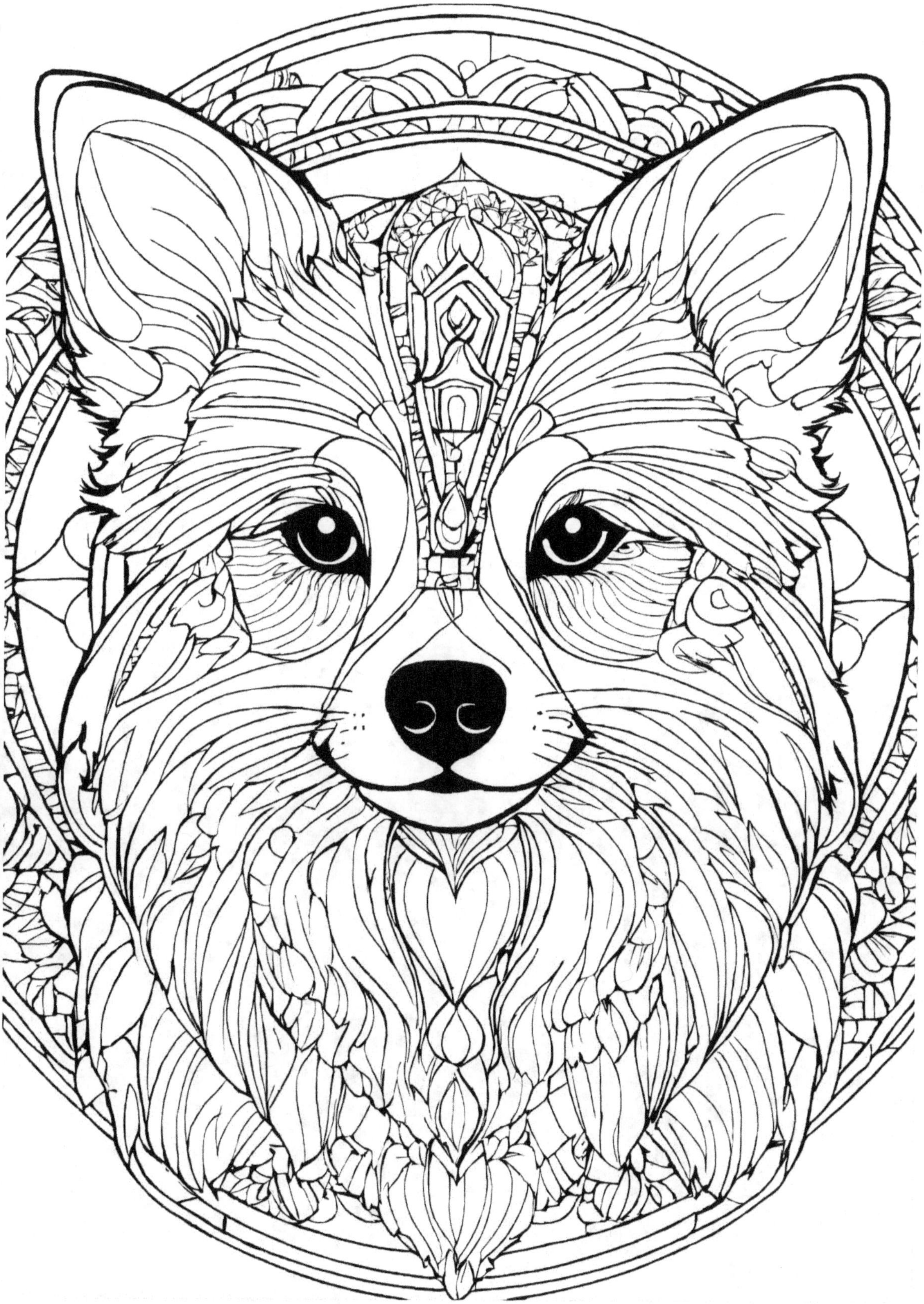

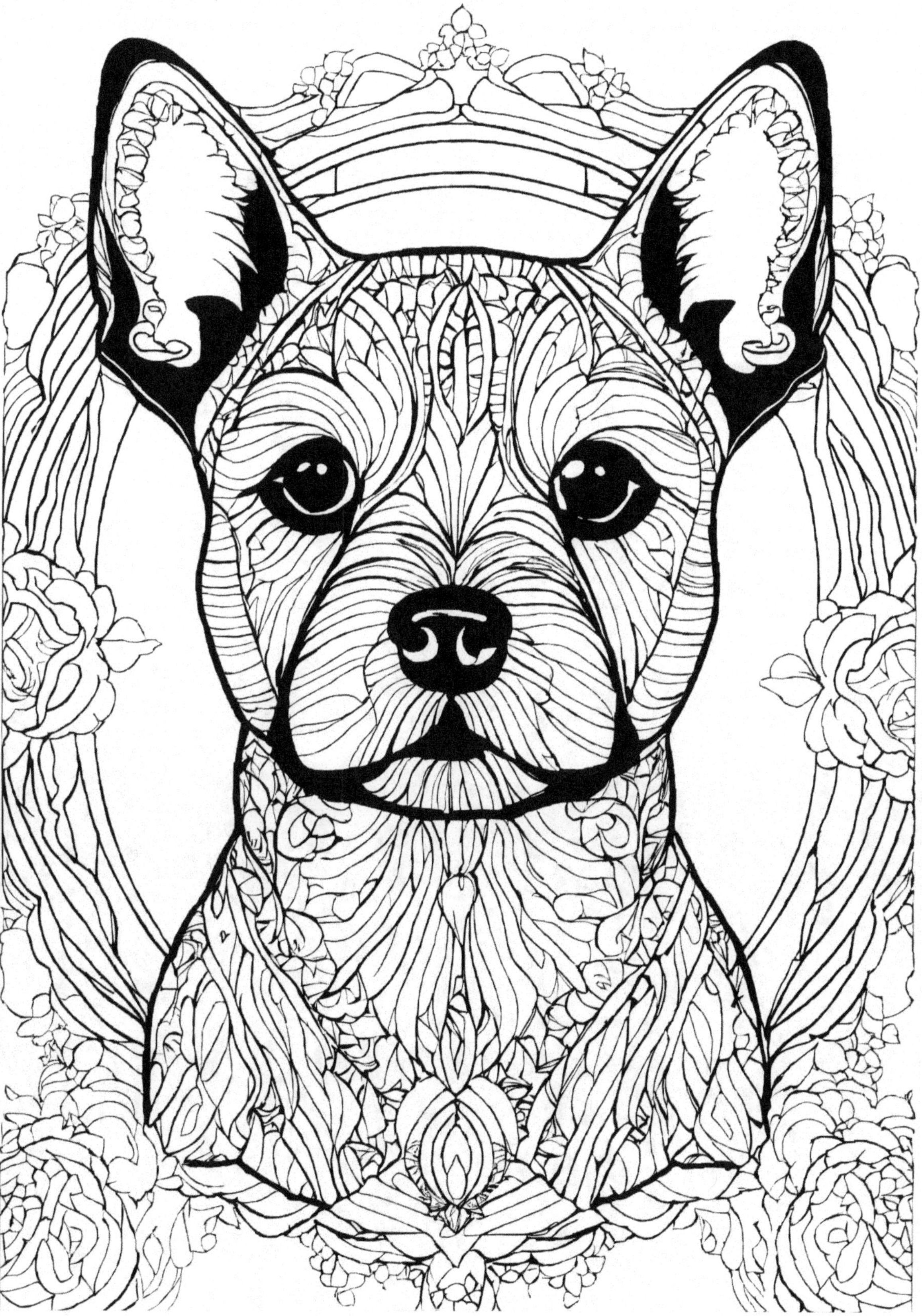

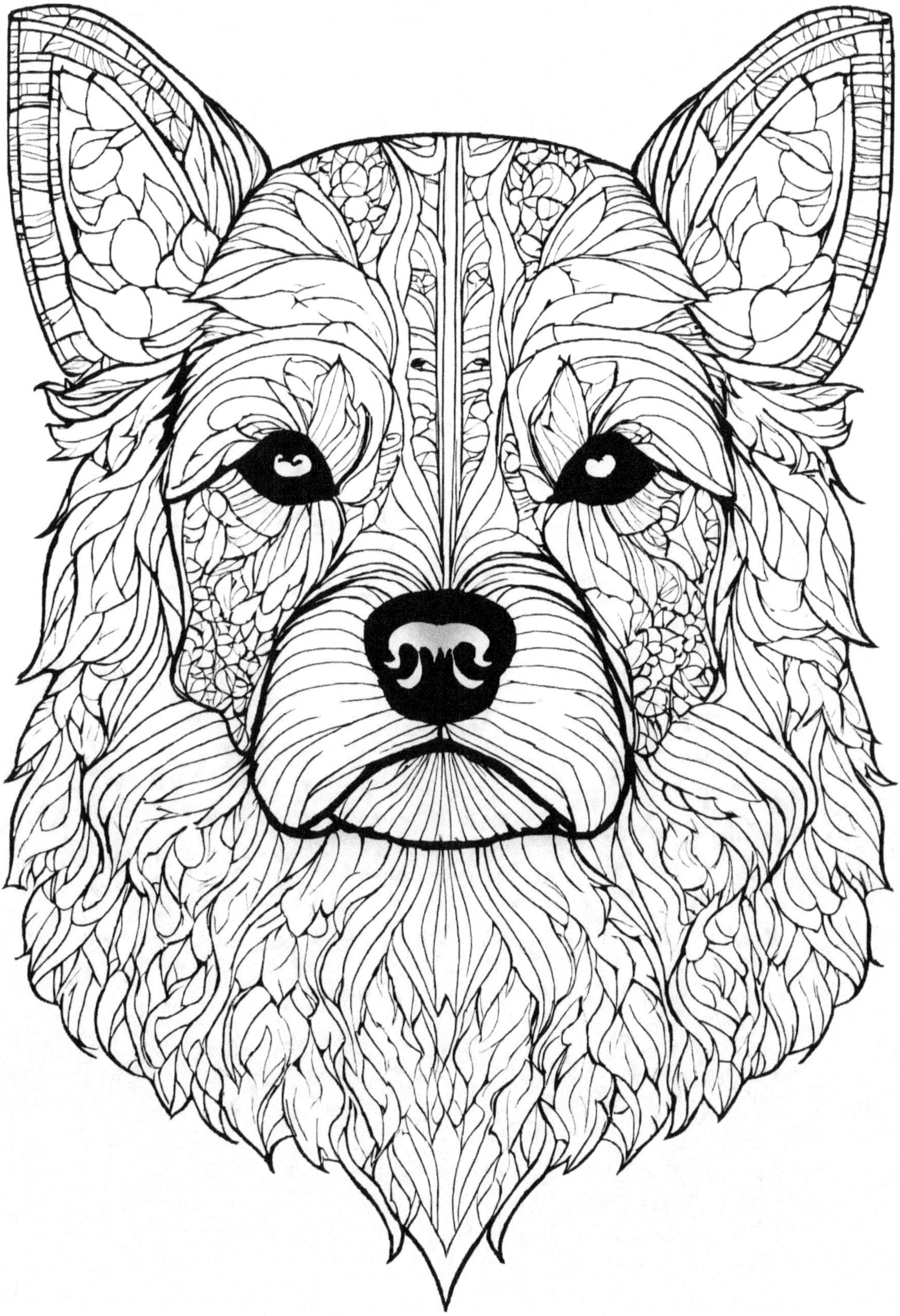

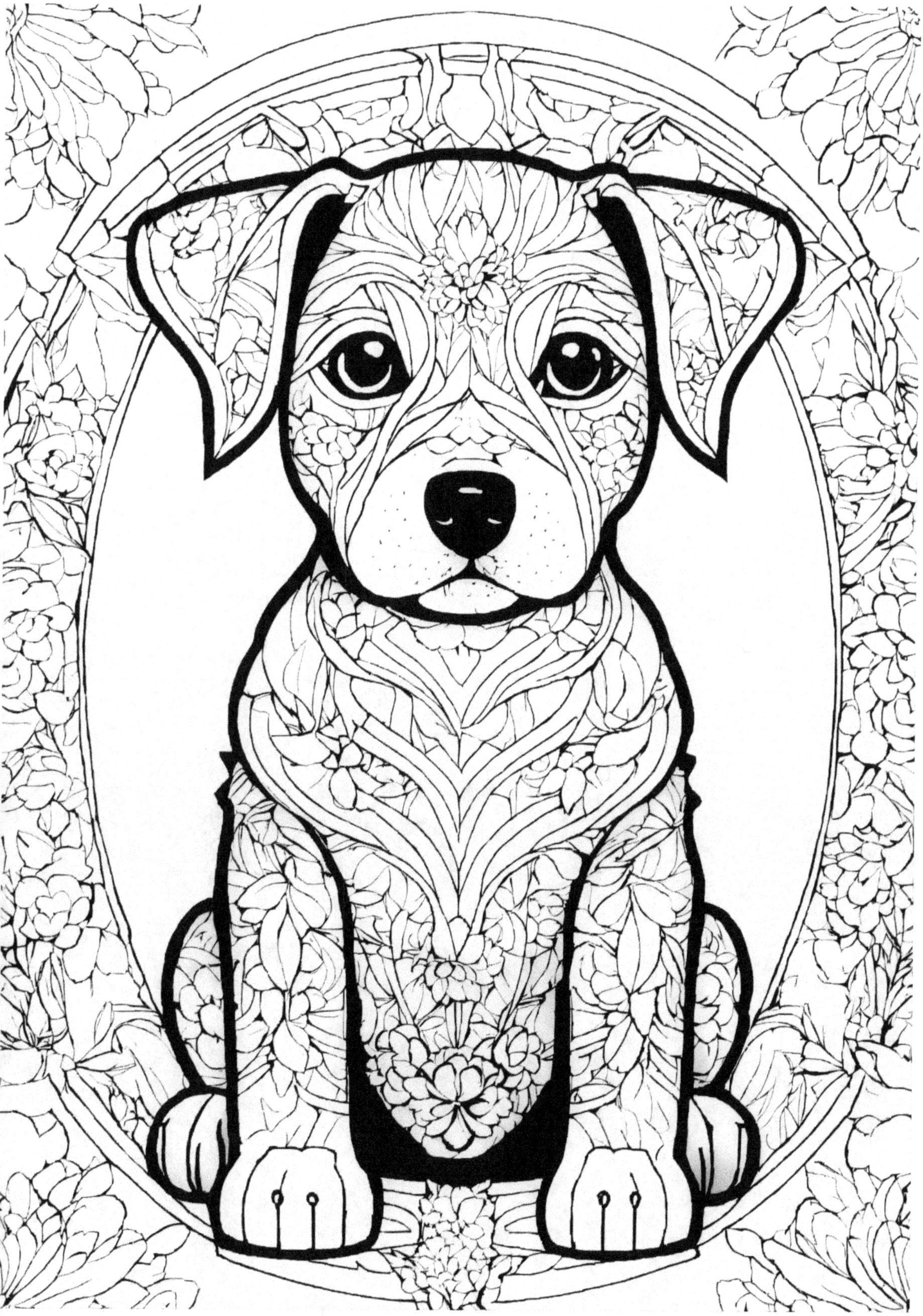

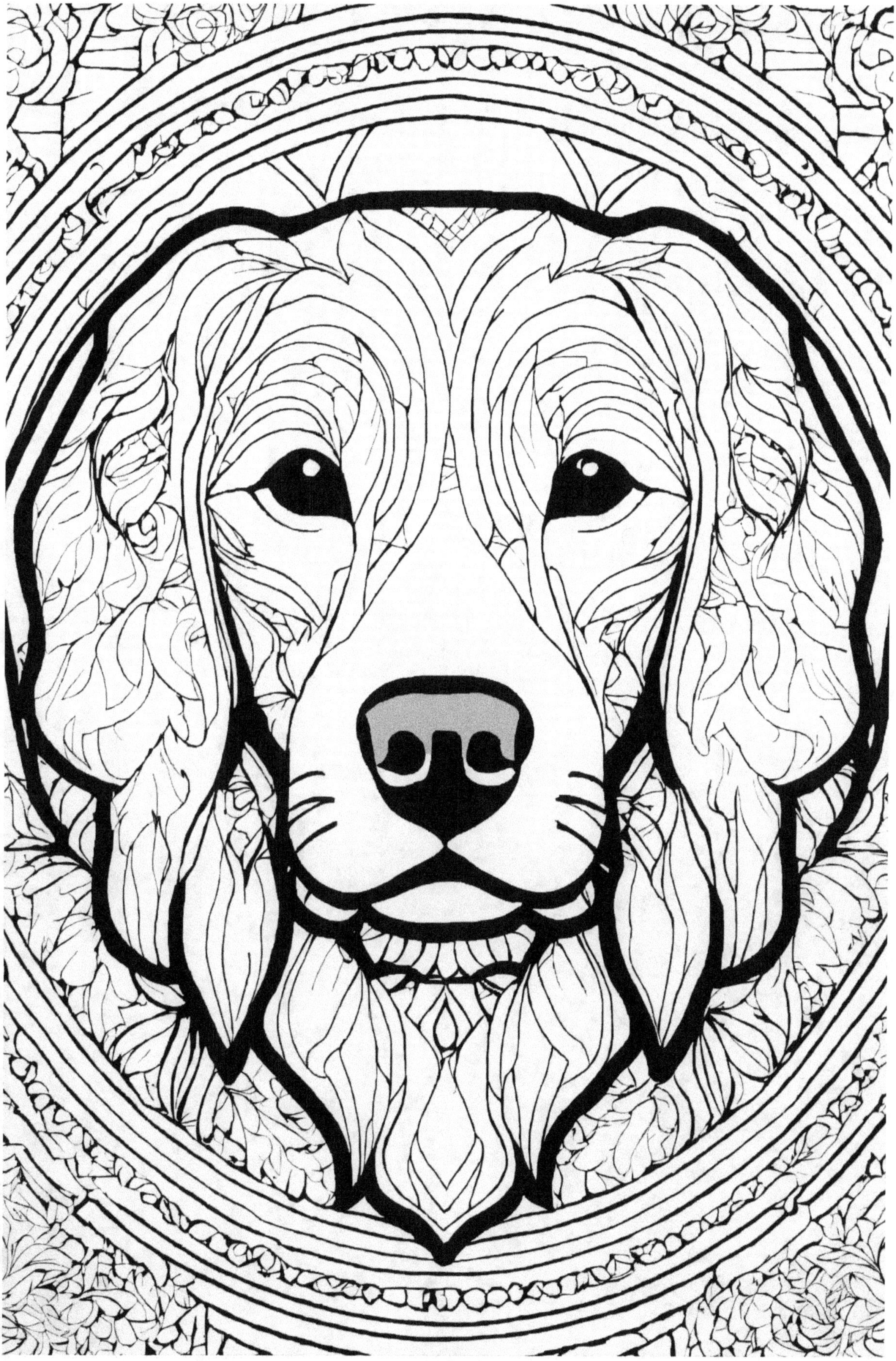

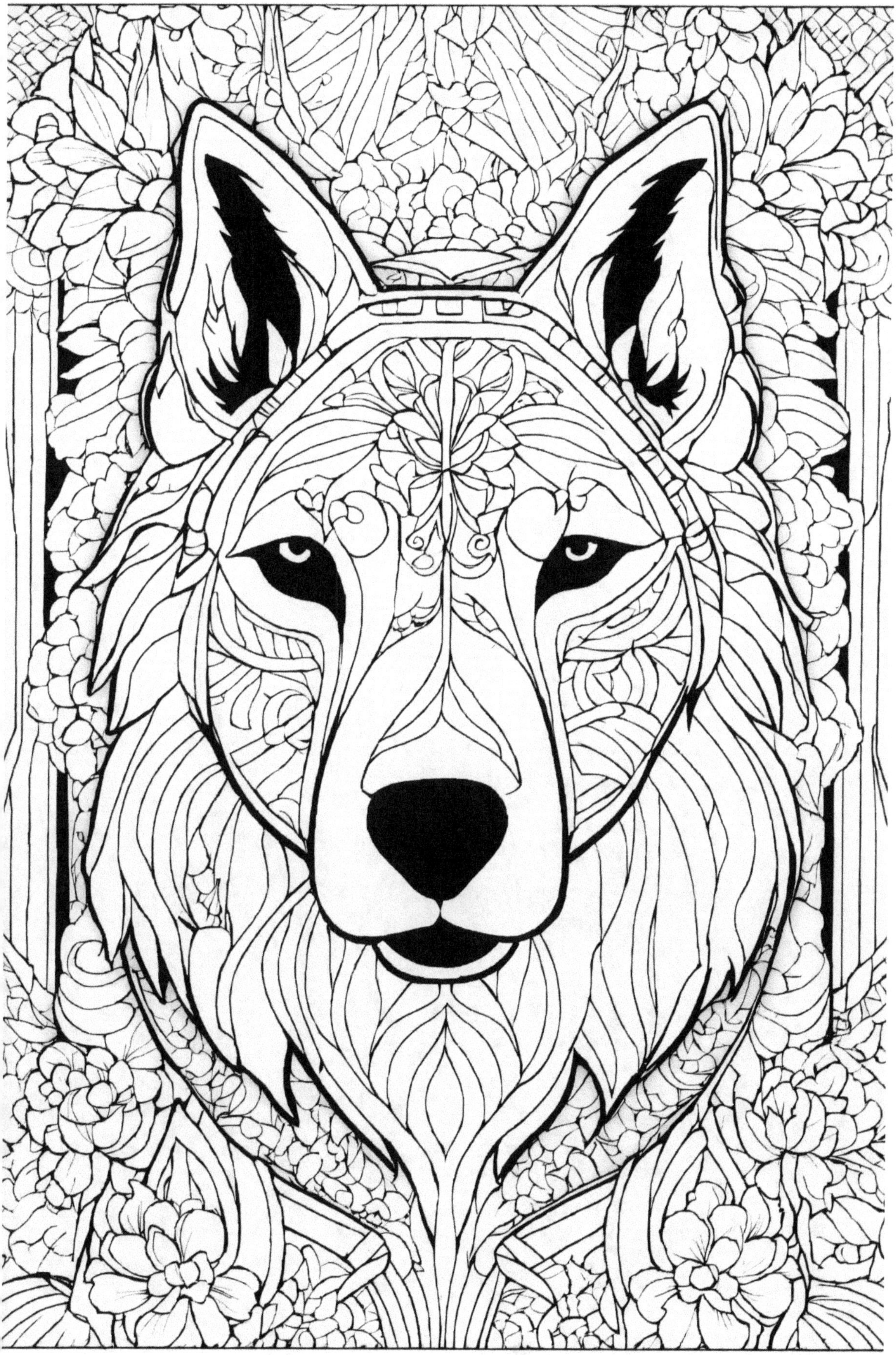

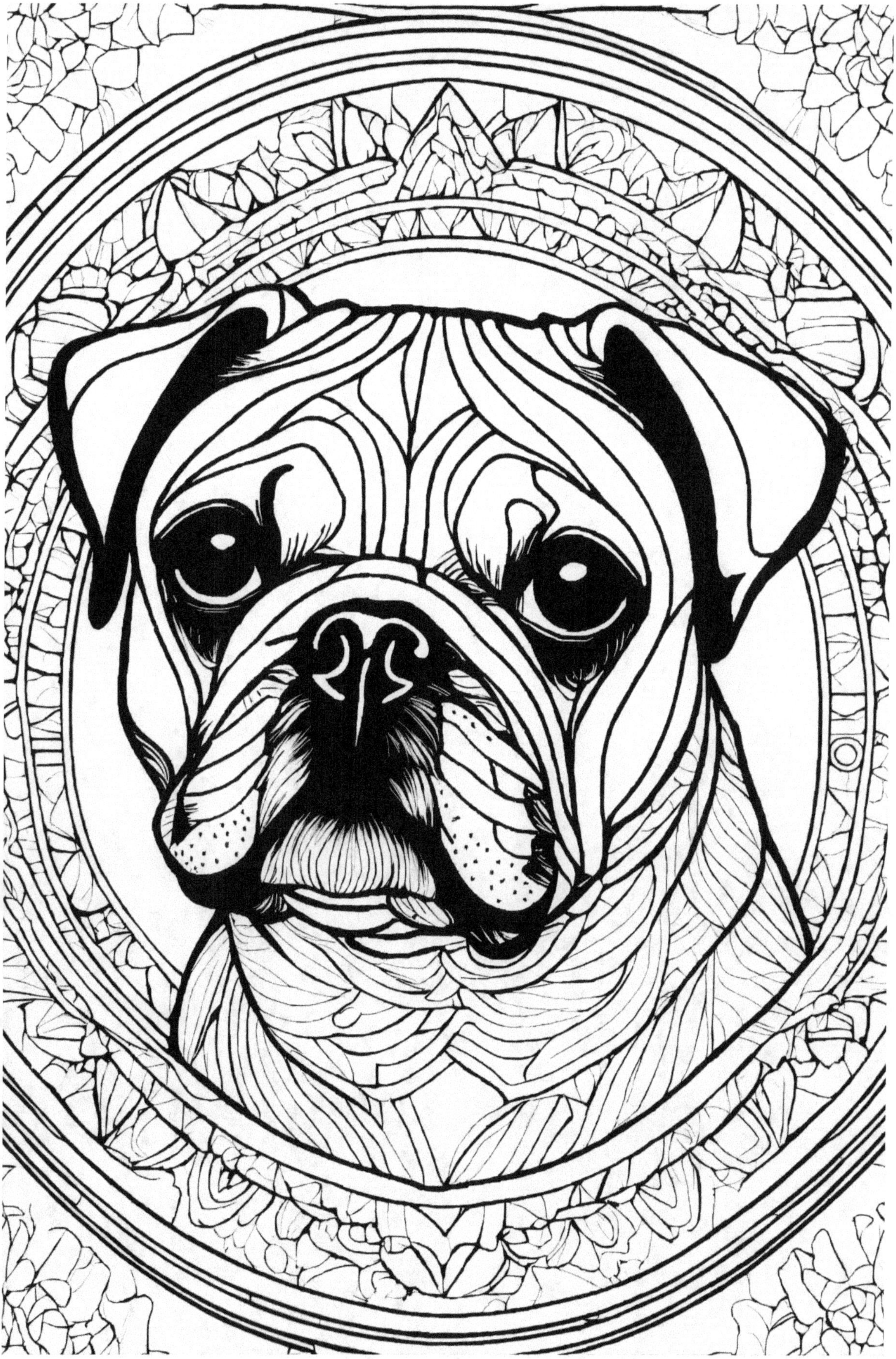

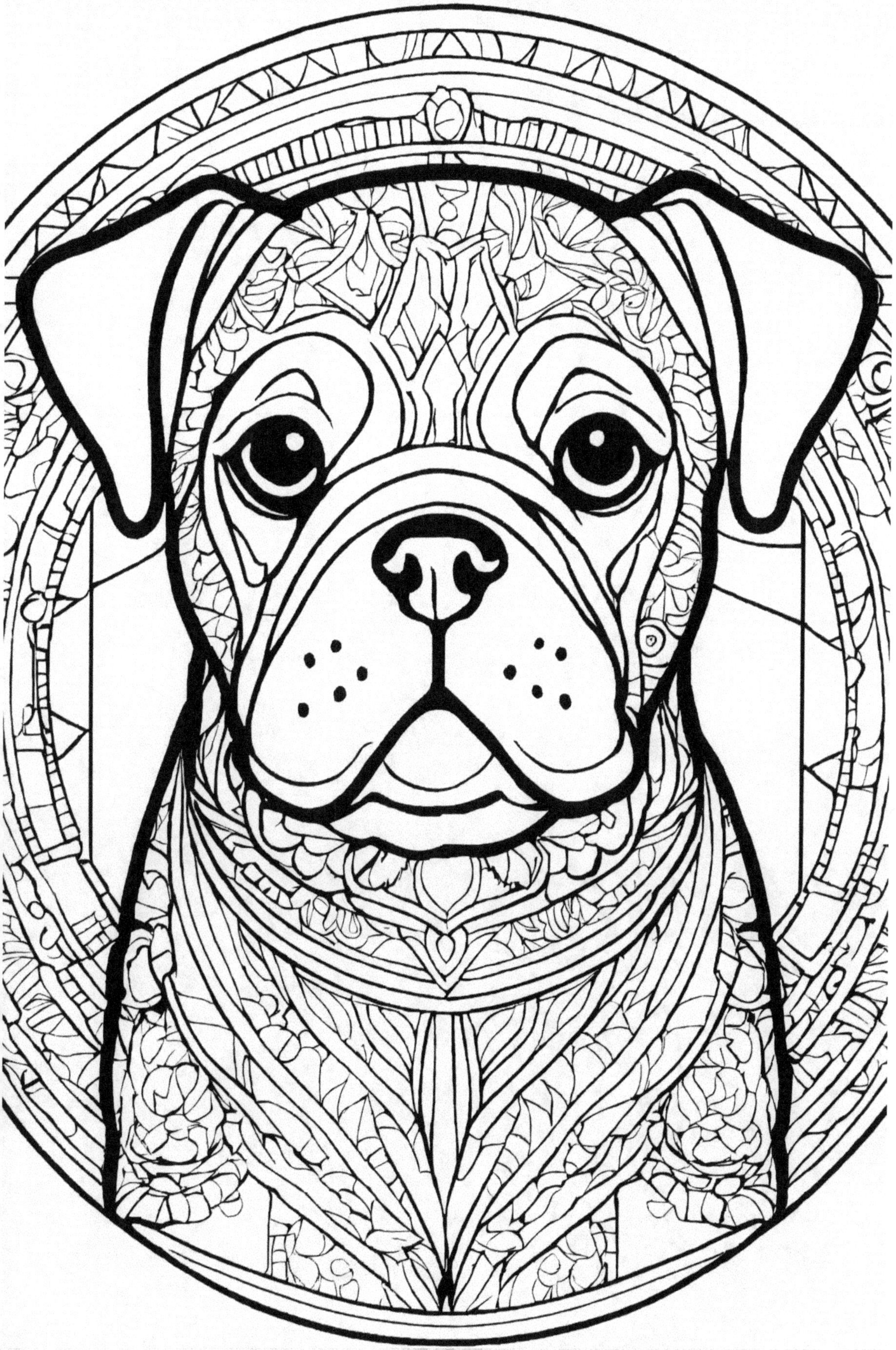

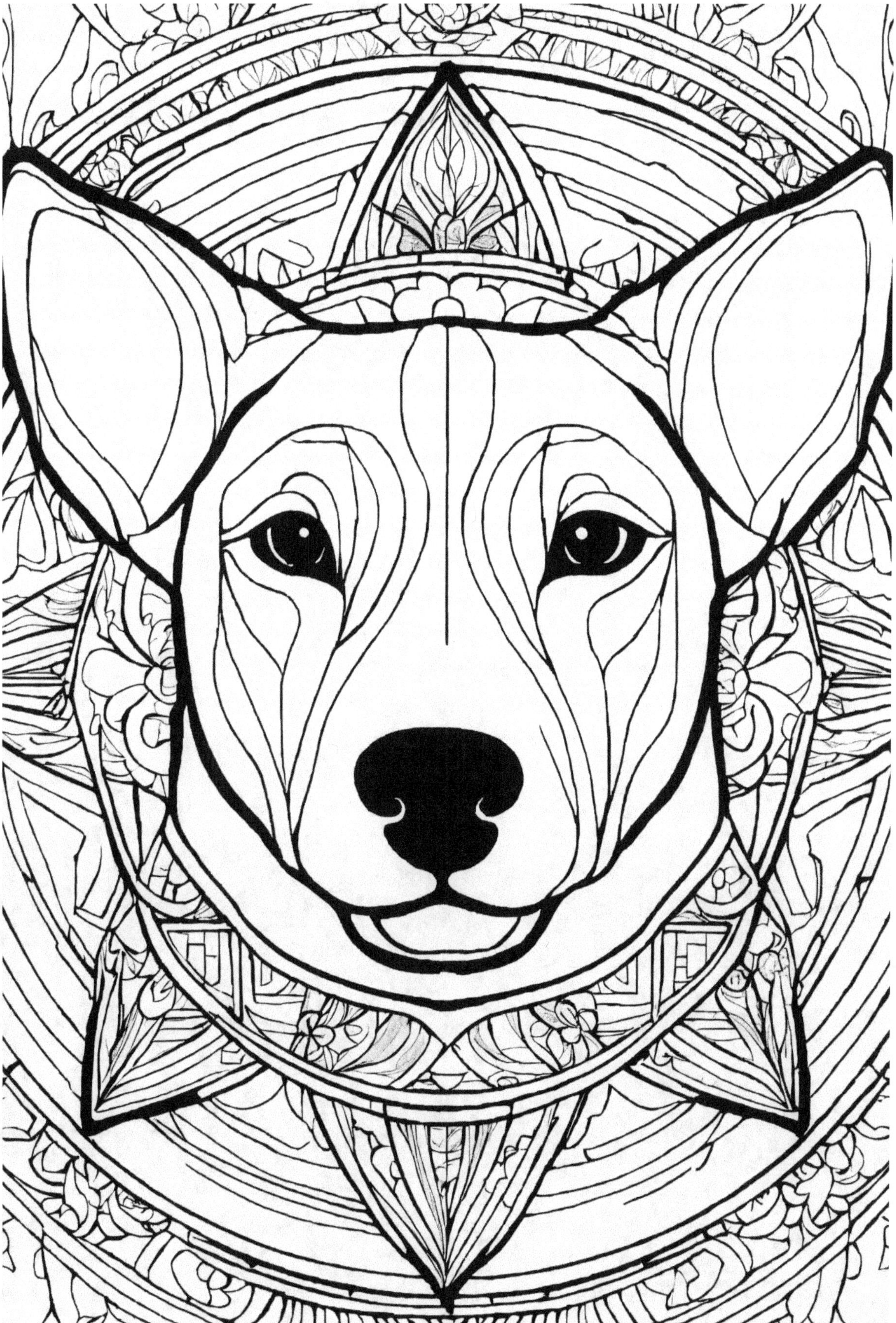

www.ingramcontent.com/pod-product-compliance
Lightning Source LLC
Chambersburg PA
CBHW081117290526
45795CB00006B/2152
* 9 7 9 8 8 7 8 5 7 6 6 4 2 *